JUSTIN BIEBER

Biografía No Autorizada

JUSTIN BIEBER

Biografía No Autorizada

CHAS NEWKEY-BURDEN

Grupo Editorial Tomo S.A. de C.V.,
Nicolás San Juan 1043,
México, D.F.

1a. edición, febrero 2011.
2a. edición, mayo 2011.

Nicolás San Juan 1043, Col. Del Valle
03100 México, D.F.
Tels. 5575-6615, 5575-8701 y 5575-0186
Fax. 5575-6695
http://www.grupotomo.com.mx
ISBN-13: 978-607-415-248-7
Miembro de la Cámara Nacional
de la Industria Editorial No. 2961

Traducción: Luigi Freda Eslava
Diseño de portada: Karla Silva
Formación tipográfica: Francisco Miguel M.
Supervisor de producción: Leonardo Figueroa

Impreso en México - *Printed in Mexico*

Contenido

Justin Bieber en cifras

0.27	el porcentaje de todos los mensajes de Twitter que han mencionado a Justin.
2	los minutos que según informan le toma a Justin resolver un Cubo de Rubrik.
3	los minutos que una vez le tomó a Justin firmar cincuenta carteles.
5	los minutos que le toma a Justin peinarse en la mañana.
6	el número favorito de Justin.
10	los países en que ***Mi Mundo*** estuvo en la lista de los 30 principales éxitos.
12	la edad que Justin tenía cuando participó en el concurso de Stratford Star.
13	la edad en que Justin empezó a salir con chicas.
2007	el año en que Justin abrió su cuenta de YouTube.
3,755	el número de mensajes de Twitter que Justin había escrito hasta junio de 2010.
30,461	la población aproximada de Stratford, donde Justin creció.
1.5 millones	el número de mensajes de Twitter que se han escrito sobre el álbum de debut de Justin (hasta junio de 2010).
18.1 millones	el número de mensajes de Twitter que mencionaron "Justin Bieber" en el mismo periodo.
23.7 millones	el número de mensajes de Twitter que mencionaron "Bieber" en los primeros seis meses de 2010.

Introducción

En abril de 2010, Justin Bieber actuó en vivo ante 30 000 espectadores que lo ovacionaron en Washington, D. C., la capital de Estados Unidos. Para un joven de dieciséis años se trataba de una hazaña notable en sí misma… pero se volvió aún más sorprendente. La presentación tuvo lugar en la Casa Blanca y entre las 30 000 personas del público estaba la pareja que vive ahí… el presidente de Estados Unidos de América, Barack Obama, y su esposa, Michelle. Se vio a la Primera Dama bailando con las canciones de Justin. Increíble, ¡y más aún si se considera que era la segunda vez que el joven Justin había cantado para ella y para el Presidente! El sitio para esta presentación, considerada la fuente del poder de una superpotencia global, era apropiado ya que Justin ha alcanzado un superpoder en el mundo de la música popular en los últimos años.

En la actualidad tiene millones de seguidores en todo el mundo, pero describir a sus aficionados como "seguidores" es quedarse corto: su devoción a Justin va más allá de la afición normal. Al torbellino demente de entusiasmo que lo sigue a dondequiera que vaya se le conoce como "Biebermanía". Lo han experimentado en todo el mundo, desde una estampida en Australia a escenas similares de histeria en Nueva Zelanda, París y Nueva York… y en todos los puntos intermedios.

Cuando Junstin viaja a cualquier país, se reúnen grandes multitudes en el aeropuerto para recibirlo. Los países pueden ser distintos, pero las escenas siempre son las mismas: miles de admiradores que lloran, gritan y se empujan para acercarse a él. Estos seguidores hiperventilados han creado su propio idioma para expresar su devoción: "OMB" significa "Oh mi Bieber", un "Belieber" es alguien que "cree (*believes* en inglés) en Justin", un "Bieberholic" es alguien, como Justin lo expuso, "que es adicto a Bieber".

Conforme se elevaban su fama y popularidad, a veces Justin debía volver la vista atrás, a cómo empezó todo: con una humilde cuenta en el sitio de Internet YouTube en donde él y su madre subieron videos de él cantando. Al principio sólo esperaban que parientes y unos cuantos amigos vieran esos videoclips. Pero en el momento en que apretaron el botón de "subir" en su primer video, el 19 de enero de 2007, pusieron en movimiento una cadena de sucesos que hicieron con rapidez de Justin una de las personas más famosas del planeta.

El destino los elevaría a él y a su madre de su humilde existencia, en una ciudad pequeña de Canadá, al corazón mismo de la industria musical en Estados Unidos. Ahí, el jefe de la compañía disquera que alegremente lo contrató creía que había encontrado una estrella que sería tan exitosa como los Beatles, Elvis Presley y Michael Jackson convertidos en uno.

Justin nunca ha olvidado de dónde procede… y tampoco debemos hacerlo nosotros. Es tentador para el público verlo ahora y pensar que es un chico muy afortunado. Con seguridad, es envidiable su estilo de vida, pero incluso antes de que el destino le extendiera la mano ganadora de fama, fortuna y éxito, ya le había presentado algunos obstáculos difíciles, incluso desgarradores, para que los superara. La increíble historia de su vida ha tenido altas y bajas, desde lo más alto de lo alto, hasta lo más bajo de lo bajo y de vuelta arriba. En realidad es como algo salido del mundo de las películas, una película de gran éxito de taquilla con una trama fascinante llena de drama e inspiración.

Vamos a empezar desde el principio...

1

Nace una estrella

Justin Drew Bibier nació a las 12:56 a. m., del 1 de marzo de 1994 en una ciudad de Canadá llamada London. Creció en una ciudad pequeña llamada Stratford, que se encuentra en la provincia canadiense de Ontario. Justin ha descrito la ciudad de su infancia como "un pequeño pueblo de 30 000 habitantes en medio de la nada", y también ha dicho que "nada ha salido jamás de Stratford". Los millones de seguidores de Justin en todo el mundo estarían en desacuerdo con esto… y también algunos residentes de Stratford. Quienes han estudiado la historia canadiense señalarán que, al igual que Justin, otras personas famosas han vivido en Stratford, incluyendo a Thomas Alva Edison… el hombre que inventó el foco. Pero para millones de niñas en todo el mundo, la única persona que ha salido de la ciudad que en verdad importa es Justin Drew Bieber.

Por lo tanto, ¿cómo es en realidad el área en que Justin creció? Stratford es un lugar encantador y casi siempre tranquilo, por el que se votó como "la ciudad más hermosa del mundo" en 1997, cuando Justin era apenas un pequeño de tres años. Recibe su nombre en honor a la ciudad mercantil de Stratford-upon-Avon, un área muy famosa por ser el lugar de nacimiento y hogar de la infancia del célebre dramaturgo William Shakespeare. El Stratford canadiense está justamente orgulloso de la conexión y es anfitrión de un Festival Shakespeareano anual en todos sus teatros, fuera de uno de los cuales Justin cantaba cuando era niño.

Al igual que la ciudad en que nació recibió el nombre de la capital de Inglaterra, algunos de los caminos y ríos de Stratford reciben su nombre de lugares ingleses. Como la mayoría de los residentes, Justin estaba encantado con los cisnes, tanto blancos como negros, que se deslizaban con gracia en el río Avon (que, en concordancia con el tema inglés, originalmente se llamaba Támesis). Cerca del río estaba un parque que también contenía grandes maravillas que Justin admiraba mientras crecía.

Los padres de Justin, Jeremy y Pattie, fueron muy felices con el nacimiento de su hijo, un bebé pequeño pero muy saludable. Lo adoraron desde el principio y como es natural, estaban muy orgullosos de Justin. Como hace la mayoría de los padres, comentaban a cuál de ellos se parecía más. La verdad era que había heredado una mezcla de ambos: sus ojos y nariz se parecían bastante a los de su padre, pero sus labios eran muy parecidos a los de su madre. El nacimiento de Justin llevó inspiración y felicidad a sus vidas.

Sin embargo, la triste realidad es que su matrimonio empezó a deshacerse en los años que siguieron al nacimiento de Justin. Al final, Jeremy y Pattie se separaron y divorciaron. Jeremy se mudó a Winnipeg, en la provincia canadiense de Manitoba. Pattie, a quien otorgaron la custodia total de su hijo, se quedó en Stratford donde ella misma había crecido. Se cambió el apellido de vuelta al de soltera y desde entonces se le conocía como Pattie Mallette, aunque estuvo de acuerdo en que Justin conservara el apellido de su padre, Bieber.

La familia nunca había sido particularmente adinerada y una vez que Pattie se quedó sola tuvo que luchar mucho para mantenerse a flote. En consecuencia, Justin creció en una vivienda pública de una de las zonas más pobres de Stratford. La situación podía ser difícil, pero era un niño dulce y, sin importar los desafíos financieros que su madre enfrentara, a Justin nunca le faltó el amor gracias a la devoción de Pattie.

Al examinar el pasado, durante una entrevista con la revista semanal canadiense *Maclean's*, Justin hizo su mejor esfuerzo por describir una imagen imparcial y honesta de su infancia. "Quiero decir que algunas personas lo malinterpretan", empezó, "yo no era pobre. Con seguridad no pensaba de mí como que no tenía mucho dinero. Pero con seguridad no tenía mucho dinero. No podía comprarme mucha ropa en muchas ocasiones. Pero tenía un techo sobre la cabeza. Fui muy afortunado. Tenía a mis abuelos, los veía seguido y eran muy amables. Así que crecí recibiendo todo lo que deseaba".

Pattie amaba a Justin y deseaba lo mejor para él en la vida. Como era una mujer profundamente religiosa, le rezaba a Dios todos los días, pidiéndole que permitiera que su hijo tuviera éxito. Llevaba a Justin a la iglesia casi todos los fines de semana y él muy rápido fue consciente de la sensación de ser parte de algo que pueden encontrar quienes van a la iglesia. Él procedía de una familia pequeña, de dos personas, pero cuando entraba al interior de la iglesia local, podía descubrir una familia más extensa, formada por la congregación, que le daba el calor y la seguridad emocional extra que le hacían falta. Hacía lo mismo por su madre, que descubrió que ambos podían recibir mucho apoyo de la iglesia.

Lo más significativo fue que Justin amaba la música que era parte de cada servicio de la iglesia. Pattie cantaba en una banda de la iglesia y su pequeño hijo estaba hipnotizado por los himnos y alegres melodías que resonaban en la iglesia durante los servicios. Pattie tenía sueños de actuar también en otras formas. Mientras crecía, su ambición había sido convertirse en actriz, pero esas aspiraciones quedaron en suspenso una vez que se convirtió no sólo en madre, sino en madre sola.

Como ha recordado desde entonces, fue un verdadero esfuerzo el que tuvo que hacer para mantener a Justin. "Estábamos viviendo por debajo de la línea de pobreza", comentó Pattie, refutando de alguna manera los recuerdos de Justin de ese periodo. "Teníamos un techo sobre nuestras cabezas y teníamos comida en la casa, pero pasábamos apuros". Para que ambos se mantuvieran, ella tuvo que trabajar muy duro. "Tuve dos trabajos sólo para hacer que alcanzara el dinero", dijo, "pero teníamos todo lo esencial".

En ocasiones, sus padres, Bruce y Diane Dale, la ayudaban con algunos fondos que tanto necesitaban, además de brindarle un apoyo moral continuo. Diane era parte del gobierno de Stratford, trabajaba como custodia en la sede municipal, aunque actualmente ya se retiró.

Chad Ritter observó a Justin de cerca desde temprana edad, fue la persona que adoptó la figura de "hermano mayor" extraoficial para el niño. Ritter se hizo amigo de Pattie mientras Justin estaba creciendo y en consecuencia pudo observar al futuro éxito de la música *pop* de cerca durante sus años de formación. Ritter conducía a Stratford los fines de semana para ayudar a entretener a Justin. Iban al boliche, jugaban billar y Laser Quest. Momentos divertidos para los dos. Ritter afirmó que Justin era "un poco sabelotodo, un comediante, un bromista, el chico payaso del grupo; al que le gusta producir una reacción, dar lata".

Describió la vida de Justin como una vida más bien humilde. "Vivían en un apartamento en el sótano de un edificio, de dos recámaras, en un gran complejo en el extremo posterior de Stratford", comentó Ritter. "Su madre parecía estar luchando. No tenía trabajo de tiempo completo y no siempre podía comprar cosas para Justin". Sin embargo, Ritter insiste en que estas experiencias fueron en última instancia para provecho de Justin. "Creo que la difícil situación financiera y de vida claramente ayudó a Justin a crecer un poco más rápido, ya que comenzó sin nada. No puedes lograr que el niño promedio comprenda ciertas responsabilidades o que haga lo que él hace".

De alguna manera, Pattie y Justin fueron saliendo adelante, pero rara vez llegaban más allá de estar cómodos, en el mejor de los casos. "Crecí sin tener mucho dinero", afirmó Justin. "Nunca fuimos dueños de una casa". Aunque se daba cuenta que estaban en el extremo más pobre de la escala de la riqueza, Justin habla con cariño de sus primeros años, a los que describió como: "Una vida común de niño… muy normal". Sin embargo, desde el principio parecía destinado a ser todo menos común o normal. Las oraciones diarias de Pattie para Justin pedían que un día se convirtiera en una versión moderna del profeta bíblico Samuel, quien fue una voz para su generación. Incluso esperaba que Justin pudiera convertirse en pastor de la juventud o que pudiera grabar cantos religiosos para un sello discográfico cristiano.

Poco después de su nacimiento, Justin empezó a mostrar señales de un futuro musical. Todo comenzó durante los servicios religiosos de las mañanas de domingo. "Por lo tanto, yo sólo tocaba las teclas [del órgano] y demás", recordó Justin. "Las personas me enseñaban algo y trataba de hacer lo que habían hecho. Era sólo que me gustaba la música, en verdad me apasionaba la música". Era una pasión que parecía destinada a hacerse realidad desde el principio.

El día en que Justin nació la cantante y diva Mariah Carey dominaba las listas de éxitos de cantantes de pop. En Inglaterra estaba en el primer lugar de las listas de éxitos de canciones y de álbumes. El año 1994 también fue memorable en relación con los sucesos mundiales. Nelson Mandela se convirtió en el primer líder negro de Sudáfrica, un enorme terremoto sacudió Los Ángeles, matando a veinte personas, en Inglaterra se inauguró el Eurotúnel que conecta Inglaterra y Francia. En los espectáculos, una de las mayores historias del año fue el matrimonio de la estrella de la música pop, Michael Jackson, con Lisa Marie, la hija de la leyenda del rock, Elvis Presley.

Por supuesto, Justin era sólo un bebé cuando estos sucesos tuvieron lugar, pero conforme crecía su amor por la música en los años siguientes, rápidamente se volvió un admirador del material de Jackson, el cual tuvo un enorme impacto en él. Dos de los álbumes favoritos de todos los tiempos son *Thriller* y *Bad*, que Jackson lanzó en la década de 1980, antes de que Justin siquiera naciera. Ambos son colecciones clásicas de canciones de música pop tan pegajosas que continúan siendo populares entre personas que no habían nacido cuando se lanzaron por primera vez. Entre los dos álbumes, se han vendido hasta el momento alrededor de cien millones de copias… y en algún punto entre ese total se encuentran los que compró Justin, quien siempre se emociona al comprar un álbum nuevo.

JB

La gente ha comparado a veces el inicio de la carrera de Jackson con los primeros pasos de Justin en la industria de la música. Es seguro que por la tierna edad en que ambos se volvieron famosos deben existir similitudes. Sin embargo, mientras que Justin se dio a conocer por primera vez en la adolescencia, Jackson sólo tenía once años cuando los Jackson 5 lanzaron su primera canción en 1968. Justin tenía quince años cuando lanzó por primera vez una canción… ¡un veterano en comparación a Michael!

Pero él recibió una inmensa influencia de Jackson. “Me inspiró mucho su pasado”, comentó Justin, quien rechazó la sugerencia de que era demasiado joven para comprender el legado que dejó Jackson. “Por supuesto que lo comprendo”, afirmó. “Creo que pasé muchísimo tiempo escuchando a Michael. Mi mamá lo escuchaba y yo lo veía en YouTube; todavía lo veo en YouTube. Sí comprendo el gran artista que fue y que en verdad influyó en la música *pop*”. Además de disfrutar las canciones de Jackson, Justin también amaba las de la leyenda del *soul*, Stevie Wonder, quien empezó su carrera en Motown, el mismo sello discográfico que Jackson.

"La primera canción que amé, fue 'God Is Bigger Than the Boogie Man (Dios es más grande que el coco)' de *VeggieTales* (una serie animada estadunidense). Y cuando tenía, creo, siete o seis años de edad, 'On Bended Knee' de Boyz II Men. Mi mamá solía poner el álbum una y otra vez. Me iba a mi cuarto y trataba de imitar la acrobacia vocal".

Aunque han inspirado a Justin algunos artistas, incluyendo a Jackson, ha dejado en claro que siempre ha tratado de ser fiel a sí mismo y escoger su propio camino. "Había gente a la que admiraba", dijo respecto a esos días, "pero nunca intentaría ser como cualquier otro". Y añadió: "Sin embargo, he aprendido mucho al escuchar a Michael Jackson y Boyz II Men".

Otra de las canciones favoritas de Justin es "I'll Be There (Ahí estaré)", que lanzó Michael Jackson en 1970. Las dulces promesas de lealtad y devoción de la letra de la canción son muy parecidas a las que se encuentran en algunas de las canciones de Justin, y precisamente Justin ha tocado el tema maravillosamente con su guitarra. Sin embargo, como dijo, nunca fue un gran seguidor de algún acto de música *pop* cuando era niño y tal vez sea por esto que a veces encuentra un poco difícil enfrentar las reacciones histéricas de sus seguidores.

Justin es muy conocido por su voz tersa y dulce, pero sus seguidores más conocedores saben que además toca bien diversos instrumentos. Aprendió a tocar los tambores, dice, a la edad de dos años (cuando la mayoría de los niños todavía están perfeccionando el arte de caminar y hablar) y podía tocar un convincente ritmo de cuatro por cuatro. Sin embargo, no era una batería real. Improvisaba tocando los ritmos en artículos caseros como cajas, ollas y cacerolas. No fue hasta que tuvo cuatro años que Pattie, impresionada por la habilidad de su pequeño hijo con los palillos y cansada de que golpeara los muebles, le compró su primera batería real.

Las baterías no son baratas, pero la iglesia local ayudó a adquirirla. De hecho, se llevó a cabo una colecta en la iglesia específicamente para obtener fondos para la compra. Los feligreses no podían imaginar que estaban juntando fondos para el desarrollo de un niño que poco después de una década se convertiría en un éxito global de la música *pop*.

Para asegurar que Justin no molestara a los vecinos de la familia mientras practicaba, sus abuelos estuvieron de acuerdo en que podía guardar la batería en el sótano de su casa y tocarla ahí, donde sólo causaría una molestia mínima. No obstante, el lugar no era el único problema a resolver de su nuevo pasatiempo. Justin es zurdo y la batería estaba construida, como sucede con la mayoría de los instrumentos musicales, para un baterista diestro. Para complicar más las lecciones, sus maestros (que eran bateristas de la banda del coro de la iglesia) también eran diestros, lo que hacía más difícil para Justin aprender de ellos.

Siempre había sido un niño decidido, así que superó esos obstáculos y se convirtió en un baterista muy hábil. Un video en su canal de YouTube muestra qué tan grande era con el tambor desde temprana edad. En el video se le muestra dominando con brillantez la batería de un amigo, tocando redobles firmes y regulares, añadiendo algunos redobles y también exhibiendo buena mano con los platillos. Lo más impresionante de todo es lo cómodo que se ve mientras toca. El video en verdad muestra que nació para interpretar la música. Pronto estaba tocando francamente bien y su destreza musical natural ya le estaba haciendo ganar admiradores.

Al tiempo que crecía su destreza con los tambores, Justin no estaba dispuesto a detener su desarrollo musical y continuó aprendiendo a tocar diversos instrumentos musicales más, incluyendo el piano, la guitarra y la trompeta. "Supongo que se puede decir que recibí la bendición del talento", comentó.

Proviene de lo que describe como una familia "con cierta inclinación musical". Su abuela es una pianista talentosa a la que define como: "una gran cantante". Como veremos, ella también escribió sus canciones y una de ellas se incluyó entre las primeras que se subieron a YouTube, sitio de Internet que lo lanzó al superestrellato global.

El padre de Justin toca la guitarra y canta, pero la primera guitarra que tuvo de niño fue una usada que le dio su madre cuando tenía seis años de edad. Ella le compró cuerdas nuevas y la encordó con cariño antes de dársela a Justin, el cual, por supuesto, toca la guitarra como zurdo. Él se veía más pequeño con el instrumento y era una imagen de ternura cuando, como niño pequeño, se esforzaba por ver sobre el cuerpo de la guitarra mientras tocaba.

Había aprendido los fundamentos de tocar la batería y siguió el mismo camino autodidacta con su guitarra. No era un niño ordinario: la dedicación de Justin era extraordinaria. "No siempre fue un guitarrista asombroso", comentó Chad Ritter, "Lo abordó y trabajó en eso. Se presiona a sí mismo… tiene una ventaja competitiva".

Justin se concentró seriamente mientras aprendía los acordes y su dedicación a tocar la guitarra sigue siendo firme hasta la actualidad. "Cuando toco la guitarra y alguien trata de hablar conmigo, estoy con la cabeza en las nubes", afirma. En ocasiones, un amigo de su madre se presentaba de repente en el apartamento para enseñarle a Justin un poco más sobre la guitarra y él siempre lo aprendía con rapidez.

Una de las primeras canciones que aprendió a tocar en la guitarra fue "Wheat Kings" de una banda de *rock* canadiense llamada The Tragically Hip. Es una balada conmovedora que aborda la historia de un canadiense a quien acusaron injustamente de un crimen. Siempre que Justin ha cantado esta canción con un tema tan maduro, incluso durante entrevistas en televisión y radio, lo ha hecho con facilidad y elegancia.

¿Cómo es que surgió este magnífico talento natural tan pronto? "Sólo crecí con música a mi alrededor durante toda mi vida", afirmó. Desde la mañana hasta la noche, mi vida nunca dejó de ser musical. "Simplemente cantaba por toda la casa", escribió en su página de Internet de MySpace. "Era algo que simplemente me encantaba hacer". Incluso cuando se cepillaba los dientes antes de ir a la cama, Justin cantaba música *pop*.

"Cuando tenía cinco años de edad, escuchaba algo en la radio e iba al teclado a copiarlo", recordó su orgullosa madre. Las paredes de su dormitorio estaban cubiertas de grandes pósteres de sus héroes musicales, incluyendo la banda estadunidense de chicos de *rhythm and blues*, Boyz II Men, banda que se formó en preparatoria y que llegó a la fama muy pronto, de la misma manera en que a Justin le sucedió. No es que la fama estuviera en los planes de Justin en sus primeros años. Estaba demasiado ocupado pasándola bien. "Siempre estaba cantando por toda la casa y tocando instrumentos, pero nunca intenté ser famoso", dijo.

Sin embargo, tenía en mente una posible ruta futura al estrellato, aunque al principio le favorecía una ruta deportiva más que una musical. "Yo cantaba, pero era sólo por diversión", comentó. "Hice muchas cosas diferentes. Hice deportes. Cantar era sólo otra afición... Y nunca la tomé en serio. Nunca recibí lecciones. Solía practicar mi firma para el *hockey*. En cierto modo, es como aprendí a dar mi autógrafo".

Su héroe deportivo era la estrella canadiense de hockey sobre hielo, Wayne Gretzky, al que consideran ampliamente como el mejor jugador de todos los tiempos en ese deporte. "Jugué mucho al *hockey*", comentó Justin de sus primeros años. "En verdad estaba concentrado en los deportes". Como muchos niños canadienses, Justin también disfrutaba el seguir a los equipos de *hockey* sobre hielo, como el equipo local, los Cullitons y los Hojas de Maple de Toronto. Desde que se volvió famoso ha dicho que como su carrera alterna le encantaría jugar *hockey* en la Liga Nacional de Hockey.

Dicho eso, existe otra carrera que también le atrae. "Si no fuera estrella de música *pop*, sería chef", comentó. "Cocinaría una rica cena a todas las damas hermosas". Si hubiera seguido ese camino, no le habrían de falta de comensales satisfechos. También ha hablado de un interés por convertirse en arquitecto, de manera que es claro que Justin no es un chico al que le faltan ambiciones.

En verdad disfrutaba participar en deportes y actividades atléticas. Justin jugaba *hockey* y futbol con más entusiasmo que destreza: una vez lo describieron como un atleta "rudimentario". Su madre, siempre protectora, fue más optimista, dijo: "Siempre ha sido muy talentoso en casi todo lo que hace".

Su abuelo comentó que la actividad deportiva era esencial para Justin, a quien habían bendecido con mucha energía. "Siempre ha tenido mucha energía. Se le tenía que mantener activo todo el día. Era importante que practicara deportes todo el tiempo, o si no, se ponía a rebotar en las paredes".

Una niña que afirmó que estuvo en el jardín de niños con él recuerda a Justin como un niño atrevido e hiperactivo. "Ella decía que Justin siempre estaba en problemas, no podía sentarse quieto", comentó la abuela de la niña, "era el payaso del salón".

Sin embargo, Justin insistió en que su madre lo "educó en casa" entre el jardín de niños y el primer año. Dicho eso, admite con rapidez que siempre está lleno de vida y que disfruta estar en el centro de la acción. "Me gusta no hacer nada y ser el centro de atención", ha comentado.

Los grandes arranques de energía ocasionales son uno de los atributos que a menudo se vinculan con personas del signos de Piscis como Justin. También se cree que a las personas que nacen bajo ese signo les encanta relacionarse con el mundo. Justin lo haría realidad a la larga, pero por el momento disfrutaba más de pasatiempos discretos, como jugar ajedrez, y mostró su mente táctica al ganar algunos torneos cuando era niño.

A la primera escuela que asistió fue a la escuela católica Jeanne Sauvé, en la calle Grange, en Stratford. Fue allí que hizo la primaria. Jeanne Sauvé es una escuela francesa de programa de inmersión en la que la religión es parte importante del plan de estudios. De hecho, como alardea el material promocional de la escuela, su educación está “basada en nuestra fe en Jesucristo”. Durante el tiempo que estuvo ahí, Justin aprendió a hablar francés con fluidez, lo que ha demostrado en entrevistas de forma impresionante. También puede contar hasta diez en alemán, gracias a la enseñanza de su bisabuelo alemán.

Pasó a la escuela pública Stratford Northwestern en la avenida Forman. Su maestro favorito de secundaria se llamaba Montheith. “Me daba mucha libertad”, recordó Justin. “A veces les hacía pasarla mal a los maestros”.

El señor Montheith recordaba que Justin era un niño lleno de espíritu y esfuerzo. “No tiene miedo, es algo de lo que descubrí sobre él”, expuso el maestro, “no podía creer lo rápido que captaba todo, fuera basquetbol, futbol u, obviamente, música, baile y todo lo de ese tipo”.

Otro de los maestros preferidos de Justin en la escuela fue la señorita Brooker, quien también notó su potencial musical. “Recuerdo haberme dado cuenta de la pasión de Justin por cantar ya desde el segundo año de secundaria”, afirmó. “Mi materia preferida tal vez sea inglés, creo”, comentó Justin. “En verdad no me gustan las matemáticas”. Sin embargo, ha dicho que disfrutó mucho el álgebra.

Como la mayoría de los niños, mientras era estudiante, Justin se fijaba en las niñas y afirma que incluso antes de que se volviera famoso “tenía muchas chicas persiguiéndome”. Salió con algunas, la primera cuando tenía alrededor de trece años de edad y recuerda que su primer beso tuvo lugar más o menos en ese tiempo. Sucedió durante un baile escolar, pero Justin no recuerda el nombre de la chica afortunada. Dijo que el beso fue “agradable”, pero añadió: “Les dije a mis amigos, ‘la primera persona que bese a una chica consigue diez dólares'. Y así, mis amigos... no besaron a nadie. Dijeron: 'Justin, ¡tú debes hacerlo!' Yo estaba en un baile lento con esta chica y entonces, ¡tan sólo lo hice!".

Confirmó que la chica "lo aceptó", a pesar de que, como él dijo, "en ese entonces sólo era un niño común que jugaba *hockey*, así que tuve suerte de que me respondiera el beso". Tiempos divertidos, pero estas primeras experiencias románticas no fueron muy serias. Dijo de su primera novia que no estuvieron juntos por mucho tiempo. "Un mes después, rompimos. Me dolió un poco el estómago un par de días, pero entonces quedé tranquilo". También recordó que una chica a la que le pidió salir le dijo que no. "Ya sabes, fue uno de esos pequeños enamoramientos que se tienen cuando se es más joven", comentó a *US Weekly*. "Le pedí una cita y dijo no".

De hecho, algunas de sus experiencias escolares son sorprendentes si se considera el ícono adolescente en que se ha convertido actualmente. Como el dinero era muy justo en casa, Justin no siempre se vestía con la ropa de moda. Tenía que arreglárselas con lo que Pattie podía comprarle. Esto, combinado con su baja estatura, lo hacía un blanco fácil para las burlas de los brabucones. Por supuesto, esto lo disgustaba y Pattie recurrió a un amigo de ella para que alentara al chico.

La forma notable en que Justin se ha elevado de ser el blanco de las burlas del salón de clases a uno de los adolescentes más populares del planeta sin duda es una inspiración para cualquiera que sea blanco de ataques similares.

Algunas de las burlas eran juguetonas e inofensivas. Un día un compañero de clase de Justin le hizo una broma. Justin había trabajado en un proyecto en el que hacía una presentación ante la clase. Mientras se levantaba para hacer su presentación, toda la clase se empezó a reír de él. Al principio no pudo entender qué estaba pasando. Sólo un poco después se dio cuenta que era porque uno de sus compañeros había dibujado una caricatura divertida en el proyecto que Justin estaba presentando. Por supuesto que fue un momento vergonzoso para Justin cuando se dio cuenta de lo que sucedía, pero no quedó rencor. De hecho, los dos chicos son amigos hasta este momento.

Sin embargo, nadie iba a burlarse de Justin cuando lo vieran bailar. Desde temprana edad mostró algunos movimientos impresionantes y un video corto de *break dance* donde aparecía Justin de ocho años de edad muestra la destreza que tenía en la pista de baile, incluso cuando era un niño pequeño.

La última escuela a la que asistió fue la escuela secundaria Stratford Northwestern, donde hizo del primero al tercer año. Estaba en el mismo terreno que la escuela pública y Justin podía caminar de ahí a Glastonbury Drive, que era el sitio donde tenía sus juegos de *hockey* en la liga local de los Rotarios cuando era niño. Desde ese entonces, la arena de los Rotarios ha sido eclipsada por un Complejo Rotario totalmente nuevo. Al otro lado de la ciudad se encuentran otros dos lugares donde Justin jugaba *hockey* y futbol. El primero es la arena William Allman Memorial en Morenz Drive. Jugó en un equipo viajero de *hockey* en este edificio histórico y amaba la emoción de la competencia deportiva con sus amigos. Descubrió que era una forma maravillosa para acercarse a la gente y hacer amistades, aunque por supuesto que también había tensiones entre los jugadores. Justin jugó futbol para un equipo viajero llamado Stratford Strikers, equipo al que agradeció en las notas de la funda de su álbum de debut, *Mi Mundo*. Esos juegos eran episodios encarnizados y sudorosos que se desarrollaban en los campos de futbol Cooper Standard en el camino Packham.

Justin empezó a darse a notar mientras jugaba en el nivel de menos de once años de edad. En una noche de viernes de junio de 2004, su equipo derrotó a Taxandria 8-4. El amplio triunfo fue más impresionante si se considera que Taxandria anotó primero. Justin fue la clave para la recuperación de su equipo y fue el mejor jugador en el campo. Llevó a cabo algunos dribles en el área penal del otro equipo y anotó dos veces. No es extraño que conservara su lugar en el equipo cuando creció.

En un juego contra otro equipo de menos de trece años de edad llamado London United Fury, Justin estuvo en donde le gusta estar: justo en el centro de la acción.

Las anotaciones empezaron con un tiro libre, que Nolan Murray pateó desde una distancia de dieciocho metros. Luego le hicieron falta a Justin en el área de penal, lo que dio a su equipo un tiro de penal, y Tyler Strawbridge se acercó nerviosamente para cobrarlo. Por fortuna, anotó el penal y celebró con Justin. Más adelante en el juego, Zach Bandura pasó la pelota a Justin quien no cometió ningún error con su tiro y anotó, coronando una buena victoria para los Strikers.

Siempre ha sido un niño de baja estatura para su edad, pero Justin nunca dejó que esto lo intimidara en el campo de juego. Contra los Titanes de London City él y su compañero Ryan Butler se veían empequeñecidos por sus oponentes, pero siguieron adelante con valor. Se las arreglaron para intimidar a sus oponentes y crear diversas oportunidades para su equipo. Sin embargo, no se pueden ganar todos los partidos… el enfrentamiento terminó 0-0.

Ganara, perdiera o empatara, a Justin le encantaba competir en el campo de futbol. Fueron tiempos felices para él y sus compañeros y todos ellos formaron un vínculo estrecho como equipo. Gracias a su naturaleza siempre entusiasta, Justin era un personaje especialmente popular en el equipo y después de un partido, él y los otros jugadores caminaban juntos a la heladería Scoopers, en la calle Erie, para ingerir las golosinas que habían ganado con su esfuerzo. Después de quemar tantas calorías en estos juegos en los que quedaban cubiertos de sudor, tenían mucho espacio para saborear los helados y refrescos, que siempre sabían mucho más sabrosos después de setenta minutos en el campo de futbol.

Pero incluso si la diversión lo dejaba sin aliento, Justin pronto volvía a su divertida manera de ser, haciendo que sus amigos rieran, y todos deseaban que llegara el siguiente juego donde continuaría la diversión. Puede ser un artista solista en la actualidad, pero en esos días demostró que también es un gran jugador de equipo dentro y fuera del campo. "Creo que es en verdad importante tener a tu alrededor a tus amigos", dice. Ama al equipo que lo sigue en sus viajes… y hasta el día de hoy, muchas de esas personas han dicho que todos se consideran una gran familia.

Cuando el clima era bueno, a Justin también le gustaba jugar en las calles con sus amigos. Amaba su patineta y trabajaba duro en sus habilidades dominando la tabla en el parque de Stratford, que se encuentra cerca del edificio de la YMCA, en la calle de St Patrick. Pasaban días agradables ahí, él y sus compañeros se divertían mucho comparando trucos con la tabla y compitiendo entre sí, pero siempre en una atmósfera amistosa. Como ha mostrado desde entonces en videos que subió a YouTube y en fotografías publicadas por la revista *Teen Vogue*, era un hábil jugador de patineta. Entre los trucos que podía hacer estaban el "360", el "Ollie" y el "kickflip".

También se le veía a menudo en el edificio de la YMCA, donde estaba inscrito en su plan de guardería. Incluso se le ha visto ahí después de que alcanzó la fama y se mudó a Estados Unidos. Otras competencias entre él y sus amigos tenían lugar en un sitio que frecuentaban llamado Pour House, a la vuelta de la esquina del parque. Este sitio solía llamarse Sid's Pub, pero se convirtió en una sala de billar, donde a Justin le encantaba desafiar a sus amigos a unas cuantas partidas del juego. Siempre le gustaba ganar, pero trataba de mostrar su espíritu deportivo sin importar el resultado.

Todo este espíritu de competencia hizo de Justin un niño con grandes aspiraciones mientras crecía. Al igual que muchos otros alumnos de Northwestern, disfrutaba de detenerse en el merendero de Madelyn, en la calle Huron, para desayunar antes de dirigirse a clases. Este merendero era un sitio popular en las mañanas, que atraía a clientes hambrientos de muchos kilómetros a la redonda gracias a sus deliciosos desayunos, de entre los cuales los *omelets* eran el platillo favorito de Justin.

Justin también era visitante regular de otro establecimiento llamado Features, donde le encantaba el menú del desayuno. Uno de los platillos más ambiciosos que servían en la mañana era la fuente de Paul Bunyan, que contenía huevos, tocino, pan tostado, *hot cakes* y papas. Se le nombró así en honor a un mítico leñador gigantesco y mientras que un gigante podía devorar con comodidad un platillo tan grande, era más de lo que un chico de la edad de Justin podía consumir con facilidad.

Para la comida, Justin era cliente en el local de Subway en la calle Huron. Le encantan los emparedados y los refrescos de Subway y otros alimentos de comida rápida que se ofrecen en la famosa cadena. Incluso ahora que ha alcanzado la fama, a Justin le gusta comerse un bocadillo en Subway cuando su calendario de actividades se lo permite. A veces volvía al merendero de Madelyn en la noche, con su madre, la cual calificaba al restaurante dirigido por Madelyn Carty como su favorito en el área. En la noche adopta una atmósfera de merendero tradicional estadunidense de la década de 1950, con hamburguesas, papas fritas, aros de cebolla y malteadas.

A Justin también le encantan las pastas. Uno de sus platillos favoritos es el espagueti a la boloñesa y piensa que para postre no se puede encontrar nada mejor que un buen pay de manzana a la antigua. Disfruta de servirse un jugo de naranja para acompañar su comida, sin importar la hora del día. En cuanto a preparar una noche romántica ideal para una chica, prefiere cocinar él mismo: "Es probable que le hiciera una cena de bistecs", afirmó.

Aunque trata de comer alimentos saludables siempre que puede, Justin admite que uno de sus hábitos es "comer demasiados dulces". Sus dulces favoritos son los dulces masticables Sour Patch Kids.

En la mañana, en su casa, el desayuno no es desayuno sin el popular cereal Cap'n Crunch y también le encanta el sabroso platillo canadiense de *hot cakes* con jarabe de maple, famoso en todo el mundo. También se sabe que le encanta el pay de queso, y que su preferido es el de cereza. Cree que el mejor tipo de chocolates para regalar a una chica son los Kisses de Hershey. Estos chocolates se lanzaron por primera vez en 1907 y desde entonces se han convertido en un popular detalle romántico, como las ediciones especiales del día de los Novios.

Durante el fin de semana, a Justin le gustaba ir al Festival Marketplace, a las afueras de Stratford. Allí se encuentra una tienda de música llamada Long & McQuade, donde se le podía ver a menudo los sábados. Al otro lado de la calle de Marketplace está el King's Buffet. Éste era el escenario para un momento histórico en la vida de cualquier chico: su primera cita con una chica.

"Me gusta sacar a cenar a una chica y comprarle flores", ha comentado el romántico Justin. Pero a su primera cita no le faltaron dificultades. "Saldríamos a cenar", comentó Justin, cuando le preguntaron cómo era una noche romántica perfecta. "Una primera cita ideal básicamente es que yo haga feliz a la chica".

Por desgracia, la primera no sería una cita ideal. Estaba nervioso y después de comenzar razonablemente bien la noche se volvió un desastre cuando de forma accidental se tiró el espagueti y las albóndigas encima. "Ella nunca volvió a salir conmigo", reveló respecto a la chica no identificada, Poco podía saber ella en ese tiempo que estaba dejando pasar la oportunidad de salir con el niño que en unos años se convertiría en un ícono a nivel mundial y uno de los adolescentes más deseados del planeta. Ahora chicas de todo el mundo estarían eufóricamente felices de tener una cita con Justin… ¡se tirara o no la comida encima!

No hay resentimientos de su parte. "Ella fue en verdad agradable", recordó respecto a su primera cita. Sin embargo, todavía siente un poco de vergüenza cuando recuerda lo mal que resultó la noche. "Fue terrible y vergonzoso", afirmó. Siempre alguien que busca el lado brillante, ha vivido y aprendido. "Por lo tanto, sugeriría no ir por comida italiana en una primer cita, ¡ya que puede uno ensuciarse! ¡Nunca cometeré ese error de nuevo!".

Otra experiencia desagradable que tuvo cuando era niño fue un día aterrador en el que se quedó atrapado en un elevador por cuatro horas. Fue una experiencia traumática ya que cada minuto atrapado parecía durar una eternidad. "Tuvieron que llamar a los técnicos que estaban a dos horas de distancia para que vinieran a arreglarlo", recordó.

Finalmente repararon el elevador y liberaron al pobre Justin. Si ésta es una experiencia terrible para que le suceda a cualquiera, ni qué decir a un niño pequeño. Como es comprensible, el recuerdo lo sigue acosando hasta la actualidad. "Soy muy claustrofóbico y me asustan los elevadores", ha comentado. Actualmente prefiere subir por las escaleras normales y eléctricas en lugar de usar el elevador.

Conforme crece la manía a su alrededor, se ha visto obligado a acostumbrarse a que sus seguidores lo asedien. "Para empezar, en verdad soy una persona claustrofóbica", comentó a *Maclean's*, "odio los elevadores, en especial los que están llenos. En verdad me da miedo. Así que creo que es algo sin duda muy atemorizante cuando hay chicas que me rodean por todos lados y no puedo ir a otra parte. Al mismo tiempo supongo que tengo que acostumbrarme, ¿entiendes lo que quiero decir?". Otro de los temores de Justin es la oscuridad y le gusta dormir con al menos un poco de luz en la habitación.

A Justin siempre le ha encantado leer, y así ha sido desde que su madre le enseñó a hacerlo cuando era niño. Al crecer, su libro favorito se llamaba *Vamos a cazar un oso*, del autor británico Michael Rosen e ilustrado por Helen Oxenbury. Narra las experiencias de una familia que emprende una "cacería de oso": caminan por pasto, lodo y un río y buscando al escurridizo animal... y encuentran una sorpresa cuando entran a una cueva.

El libro es popular en todo el mundo entre niños y adultos, y está escrito para atraer la atención de cualquiera de tres o más años de edad. Para Justin, era una historia alegre y que atraía en especial a su sentido de aventura y diversión. El enfoque que la familia de la historia adopta respecto a las dificultades es el mismo que sigue Justin en su propia vida. Cuando llegan al río, al oscuro bosque y se enfrentan, se dan cuenta que no hay forma de evitarlos: tienen que superarlos. En cada ocasión, se las arreglan para sobreponerse a los problemas que la vida les ha presentado. Tal vez cuando la vida ha puesto a prueba a Justin, también se dio cuenta de esto: Tengo que superarlo y llevarlo a cabo.

Además de disfrutar de la lectura, Justin también es aficionado a las películas. Le encanta la película de 1976, *Rocky*, con la actuación estelar de Sylvester Stallone. Es la historia de un boxeador arruinado que recibe la inverosímil oportunidad de combatir por el campeonato mundial. Aunque el personaje del título es un buen boxeador, parece haber perdido su oportunidad de competir y está destinado a vivir desilusionado y en la pobreza. Entonces, un ardid publicitario arreglado por un amigo le da una oportunidad de alcanzar el éxito. Todavía tiene que trabajar duro y ser valiente, pero por fin tiene la oportunidad de lograrlo y elevarse de su humilde ambiente. No es de extrañar que Justin amara la película... ¡la historia tenía muchas similitudes con su propia vida! También disfruta la película heroica *Rescatando al soldado Ryan*, que tiene como escenario la Segunda Guerra Mundial y tiene como protagonistas a Tom Hanks y Matt Damon.

Sin embargo, Justin también ama películas más bonitas como la película de dibujos animados de Disney, *Cars*, y la película de comedia de baile callejero, *You Got Served* (el concurso de baile de la trama tal vez le recuerde el concurso de Stratford Star del que formó parte). El enfrentamiento entre dos bateristas en otra de las películas favoritas de Justin, *Ritmo total*, y la exhibición de baile en la película de 2006, *Step Up*, tal vez también le recuerda los días de Stratford Star.

Al preguntarle sobre su película favorita para chicas, escogió *Diario de una pasión*. En ella, un hombre de edad avanzada narra la larga historia de un romance que gozó durante su vida. Pero no es la única película para chicas que Justin ha visto y le ha gustado. *Un amor para recordar* es una película romántica para adolescentes que se estrenó en 2002. A Justin le encanta esta película y también la banda sonora.

De las caricaturas a historias y películas románticas edificantes sobre personas que se levantan de inicios humildes, Justin es un gran aficionado, y también le encanta ver televisión, como la serie basada en *Supermán*, *Smallville* y la serie de drama médico *Anatomía de Grey*. *American Idol*, la exitosa serie de reality de música pop que presentaba al famoso y franco juez británico Simon Cowell en sus primeras temporadas, es otra de sus series favoritas.

Desde que llegó a la fama, Justin se mudó de Canadá para vivir en Estados Unidos. Su éxito le ha permitido llevar un estilo de vida envidiable, lo que significa que viaja a menudo por el mundo para promover su música y conocer a sus admiradores. Tiene que trabajar duro para cumplir con todas las exigencias que se le hacen, pero a pesar de todo, es el tipo de vida con el que sueña mucha gente. Sin embargo, siempre seguirá siendo el niño dulce de Canadá, ya que para Justin el hogar en realidad es donde está el corazón. "He estado en muchos lugares de todo el mundo", dijo, "pero mi sitio favorito todavía es mi ciudad natal".

Es un orgulloso canadiense que amaba todo sobre la vida en su país, incluyendo las fuertes nevadas que a menudo sucedían en invierno. De hecho, cuando viajó a Inglaterra durante el invierno nevoso de 2010, le divirtió cómo luchaba el país para hacer frente a la nieve. Como canadiense, está acostumbrado a tener un enfoque mucho más eficiente de los climas extremos y recuerda con algo de cariño los fríos inviernos de allá. Expresó su impresión en su página de Twitter y se le preguntó su opinión respecto a las nevadas durante una entrevista en el sitio de Internet Digital Spy. "Ustedes están actuando como si fuera el fin del mundo; cancelan todo y no está funcionando ni el metro; pero en Canadá ésta es, creo, la menor cantidad de nieve que cae", dijo, "necesitamos tener al menos veinticinco centímetros de nieve para no ir a la escuela".

También se le preguntó a Justin qué consejo les daría, como canadiense, a los británicos respecto a la nevada. "¡Mmm…! déjame pensar… bueno, para empezar, ustedes no están usando el tipo correcto de ropa. Necesitan usar sombreros, bufandas, guantes… ¡y calzones largos! Siempre uso calzones largos cuando hace frío. Sé que no son populares, pero prefiero estar bien arreglado y no con frío".

Mejor tener una temperatura agradable que frío, ¿incluso si eso significa no ser popular, Justin?

Ahora que es famoso, Justin ama viajar por el mundo y mantiene a sus millones de admiradores al tanto de sus acciones más recientes mediante su siempre popular página de Twitter. Pero para él en lo personal, su viaje más memorable tuvo lugar antes de que siquiera fuera famoso. Fueron unas vacaciones inolvidables para Justin y su madre. Lo más sorprendente de este viaje fue que Justin, entonces sólo un chico de trece años de edad, pagó todo el viaje. Rebosante de iniciativa, amor y dedicación, había encontrado una forma de agradecerle a su madre por todo lo que había hecho por él. No es sorprendente que la música estuviera en el centro de esta notable iniciativa, que fue la primera gran señal de que Justin tenía el tipo de cualidades que lo convertirían en una estrella.

2
Un niño que canta en las calles

Justin es un chico brillante y cariñoso que siempre ha estado agradecido por los muchos sacrificios que su madre hizo por él. Observaba maravillado que ella trabajaba las 24 horas para que ambos tuvieran comida, ropa y casa. Aunque no podía darse cuenta de todas las cosas que ella sacrificaba con el fin de sostenerlo, sabía que le hacían falta muchas cosas. Ella había apoyado en particular sus ambiciones musicales, haciendo lo más posible para ayudarlo a conseguir instrumentos y tomar lecciones. Él nunca se ha olvidado del amor y la atención de su madre. Al contrario, Justin estaba decidido a encontrar una forma de corresponderle por todo lo que había hecho por él.

No es fácil para un niño de trece años de edad ganar dinero, mucho menos juntar lo suficiente para el plan que tenía en mente. Así que pensó bien cómo podría hacerlo y urdió una idea que esperaba que funcionara... Se puso la correa de su enorme guitarra en los hombros y salió a las calles de Stratford a cantar.

Como la mayoría de los que cantan en las calles, encontró un lugar agradable y concurrido, puso el estuche de la guitarra a sus pies y empezó a tocar y a cantar con la esperanza de convencer al público de dejarle un par de dólares.

Al principio cantaba en las calles y juntaba el dinero por una razón muy particular: "Quería ir a jugar golf con mis amigos y no tenía dinero así que salí a tocar", recordó. Pero una vez que se dio cuenta del éxito que podía tener cantando en las calles, puso la mira en algo más alto. Una fotografía lo muestra sentado en unas escaleras de mármol, con una gorra de beisbol azul, playera amarilla, jersey blanco con capucha, pantalones de mezclilla azules y tenis azules. Tiene una botella de agua a su lado y el estuche de la guitarra a sus pies, donde se aprecia una cantidad decente de billetes y monedas.

Gracias a un golpe de suerte se conserva un video de una de sus interpretaciones de canto en las calles. Un grupo de estudiantes estaba haciendo una visita de un día a Stratford cuando pasó frente al teatro. Ahí los estudiantes vieron al joven Justin cantar lleno de entusiasmo y decidieron filmarlo… sin tener idea de que sería una futura estrella, sólo estaban disfrutando su presentación.

Entre las canciones que cantó mientras lo filmaban estaba "I'll Be" de Edwin McCain. También cantó "Refine Me" de Jennifer Knapp, una canción que le llega al corazón gracias a sus temas religiosos. Queda claro en el video que la multitud reunida estaba disfrutando de su interpretación y se tomaron muchas fotografías con él. Es evidente que el placer era compartido por el artista, quien siempre parecía manifestar su característico temperamento risueño.

"Le gustaba estar con la gente y entretenerla", comentó Chad Ritter de Justin cuando era niño, "siempre creí en él. Es algo que tienes o no tienes… y Justin lo tenía".

Y no fueron sólo los transeúntes los que lo notaron. De inmediato lo descubrió Eldon Gammon, el empresario del teatro Avon, afuera del cual Justin cantaba muy a menudo. Gammon recordaba a Justin como el "pequeño con la gran voz"… descripción que se ha utilizado muchas veces desde entonces. "Casi parecía como que la guitarra era más grande que él", Gammon comentó al *Toronto Star*.

Sin embargo, el niño también era un cantante deslumbrante y a menudo se convertía en un poderoso rival para la puesta en escena del teatro. "Los grupos de estudiantes se amontonaban a su alrededor. Se hacía la llamada de cinco minutos, es un anuncio que se puede escuchar en todas partes, y luego teníamos que alejarlos de él. Tenía gran personalidad y carisma con la gente. Siempre era muy educado, siempre decía 'gracias'. Es interesante que la música que canta ahora no tiene nada que ver con la que cantaba aquí".

La música ha cambiado, pero la personalidad amable y carismática de Justin continúa encantando a sus admiradores en todo el mundo, al igual que lo hizo en Stratford en sus días de cantar en las calles.

Justin recuerda esos días con mucho cariño. Unos cuantos años después, volvió a ese sitio con un equipo de televisión. "Ésta es, creo, una de las principales atracciones turísticas, de manera que siempre hay una gran cantidad de personas aquí", comentó cuando llegaron al lugar. 'Cantaba 'I'll Be' de Edwin McCain, 'You and Me' de Lifehouse, 'U Got It Bad' de Usher y 'Cry Me a River'," recordó. "Ganaba 200 dólares. Tocaba afuera y ponía en el piso el estuche de mi guitarra y la gente, creo, me arrojaba el cambio y más", comentó.

La cifra de 200 dólares es mucho más impresionante cuando nos damos cuenta que lograba obtener esa cantidad en sólo una hora. "Muy rara vez volvía a casa con menos de 150 a 200 dólares por estar ahí alrededor de una hora", recordó su abuela. El total de horas pronto se convirtió en una suma sustancial de dinero. "Gané tres mil dólares y llevé a mi madre de vacaciones a Florida", sonrió, "sí, fue en verdad impresionante". Realmente impresionante.

Pattie era la madre más orgullosa y feliz en el mundo mientras ella y Justin empacaban sus maletas y se marchaban a Florida. Fueron las primeras vacaciones que Justin y su madre disfrutaran y se convirtió en un viaje para recordar. "Tuvimos nuestras primeras vacaciones de la vida", comentó Pattie, "fuimos a Disneylandia".

Fue un viaje único para los dos y nadie pudo estar más orgulloso que su madre, a la que Justin siempre ha descrito como su persona favorita en todo el mundo. Ella sabía que el viaje era un gesto de amor de su hijo, el cual había trabajado muy duro para asegurarse de que pudieran hacerlo. No muchos niños de la edad que Justin tenía entonces hubieran sido tan emprendedores.

¿De dónde salía este sorprendente sentido de propósito y determinación? Justin le atribuye a su madre una parte. Es seguro que la forma en que su madre trabajó durante su crianza fue un gran ejemplo para él. También siente que su educación humilde lo ayudó a formarlo positivamente. "Crecí por debajo de la línea de la pobreza", comentó, "no tenía tanto como otras personas. Creo que eso me hizo más fuerte como persona… eso forjó mi carácter". La forma en que Justin ha recibido las pruebas que la vida le ha presentado y las ha manejado para su propio bien es un ejemplo inspirador para cualquiera.

Mientras tanto, continuó el desarrollo musical de Justin. A la edad de trece años aprendió a tocar la trompeta; también continuó cantando por toda la casa. Hiciera lo que hiciera, trajera puesto lo que trajera, fuera la hora del día que fuera, se podía escuchar la dulce voz de Justin. También empezó a cantar en el coro de la iglesia. En cierto sentido, fueron los primeros conciertos de Justin Bieber... ¡aunque tuvieran lugar en una iglesia y no en una sala de conciertos o un teatro! Muchas personas que lo escucharon cantar afirmaron que tenía una voz especial y que disfrutaban de su tono dulce y armonioso. Una vez que a su voz se le añadía su guapa cara y su adorable personalidad, se tenía el paquete completo, que hipnotizaba a la gente desde el principio.

Al mismo tiempo, estaba creciendo la confianza de Justin como cantante. Después de apoderarse de la atención de la gente como cantante de la calle y luego como cantante del coro, Justin estaba a punto de dar un paso totalmente nuevo en sus ambiciones musicales.

Sin embargo, aunque tenía admiradores, Justin no estaba seguro de cuándo se dio cuenta por primera vez que tenía un talento especial para cantar. "No sé si lo recuerdo", afirmó al sitio de Internet neonlimelight.com cuando se le preguntó cuál de las canciones que interpretó era la que sentía que en verdad mostraba lo grande que era su voz. "Creo que tal vez 'So Sick' de Ne-Yo".

El artista Ne-Yo (nombre verdadero Shaffer Chimere Smith) es una estrella de *rhythm and blues* que ha trabajado con los ganadores del *Factor* X británico Leona Lewis y Alexandra Burke. Lanzó su primer disco, *In My Own Words*, en 2006, y la pista sobresaliente fue "So Sick", que llegó al número uno en Estados Unidos cuando lo lanzó como sencillo. Justin amaba la canción, que se ajustaba bien a su voz, e iba a formar parte de su siguiente paso en la música, paso que al final lo impulsaría a la fama y la fortuna.

El niño con la voz angelical estaba listo para pasar al siguiente nivel... y competir con otros cantantes. El concurso tuvo lugar casi a la vuelta de la esquina. "Stratford Star" (al que a veces se hace referencia como "Stratford Idol") es un concurso de canto que ahora se organiza en la ciudad una vez al año. Tiene lugar en el edificio de la YMCA y por lo general dura tres o cuatro semanas. Se ponen carteles anunciando el concurso en las escuelas del área.

El concurso se realizó por primera vez en 2006 y cuando Justin se enteró, pensó que sería maravilloso inscribirse. Por lo tanto, el siguiente año Justin decidió que en verdad tenía que participar. La forma en que el concurso está organizado es similar a programas de televisión de *reality* como *The X Factor* y *American Idol.* Después de algunas angustiosas audiciones iniciales, se escogieron los diez mejores cantantes.

Como Justin explicó después, abordó el concurso de una forma muy diferente a los otros competidores. "Los otros participantes en el concurso habían estado tomando lecciones de canto y tenían a sus maestros", explicó. "En ocasiones, yo no lo tomaba demasiado en serio", añadió. Más que nada, sólo deseaba pasarla bien. "Sólo lo hacía por diversión, no trataba de ser famoso o algo así".

Sin embargo, personas locales recuerdan a Justin tomándolo un poco más en serio que eso. Angie Adair, que ayudó a organizar Stratford Star, lo recuerda empleando la máquina de karaoke del centro de la YMCA para practicar. A veces practicaba tan duro y por tanto tiempo que ella tenía que pedirle que se marchara para que pudiera cerrar el centro.

Que se estaba divirtiendo quedó claro desde la primera vez que cantó en el escenario durante el concurso. La canción que escogió fue "Angel" de Sarah McLachlan. Se paró informalmente cerca de la base del micrófono, usando una gorra al revés y cantando la letra mientras el pianista lo acompañaba. La canción es sobre un ángel y Justin cantó igual que uno de ellos. "Angel" también tenía un tema triste y de adultos, pero cuando Justin lo cantó, resaltó la belleza y el lado dulce de la canción…

¡Y así avanzó a la siguiente ronda!

"¡Muestren a Justin Bieber un poco de respeto!", dijo la presentadora mientras lo presentaba para su siguiente canción. El público empezó a ovacionar y a gritar y la presentadora añadió: "Justin va a cantar 'Respeto'".

Usaba una gorra de beisbol al revés, camisa de cuadros gris, pantalón café y tenis grandes. Mientras tomaba el micrófono con la mano izquierda se veía un poco nervioso, pero en cuanto empezó la pista, bailó alegremente en el escenario… incluso logró llevar a cabo unos cuantos giros y vueltas mientras bailaba. Cantó bien, con una voz más bien en tono alto. En ocasiones, su voz parecía pertenecer a alguien más viejo y experimentado que él. Para poner su propio sello a la canción, añadió algunos toques extra, como cantar "¡Vamos!", entre líneas.

Cuando llegó a la parte de la canción en que el cantante descansa y ocupa su lugar un solo de saxófono, Justin no estaba de humor para descansar. Sostuvo un saxófono imaginario e imitó el solo, como alguien que quiere ser guitarrista tocaría una "guitarra de aire". Así llevó su enorme personalidad y su encantador atrevimiento al escenario, mientras "seguía la corriente" descaradamente para el gran placer del público… y pareció compensarse el tiempo que pasó aprendiendo la trompeta cuando empezó a imitarla, usando un saxofón imaginario.

En alguna ocasión estaba tan ensimismado con la diversión de su mímica juguetona que dejó caer el micrófono por accidente. Cuando éste golpeó el escenario, envió un ruido sordo por el sistema de altavoces, pero Justin de inmediato lo recogió y continuó con su presentación.

A pesar de jugar durante la sección instrumental, Justin mostró gran madurez y profesionalismo en su técnica vocal. A menudo, los cantantes principiantes cometen el error de cantar con la boca demasiado cerca del micrófono. No Justin, sostuvo el micrófono a la distancia correcta de su boca y cuando cantaba una nota más fuerte, lo alejaba un poco más, antes de regresarlo a una posición más cercana para las notas más suaves.

Mientras cantaba y bailaba se veía muy feliz. El escenario estaba iluminado gracias a los *flashes* de los fotógrafos en el público. Cuando se acercaba al final de la canción añadía un "¡Eso es todo lo que deseo!", después la pista de respaldo repetía: "¡Respeto!". Por supuesto que recibió mucho de eso del público, en especial cuando alargó la nota final con verdadero sentimiento. El público lo aclamó, gritó y aplaudió de nuevo.

Para este momento Justin estaba eufórico naturalmente y golpeó el aire para festejar. Luego devolvió el micrófono a la presentadora y por un momento pareció inseguro respecto a qué hacer. Viéndose un poco avergonzado, metió las manos en sus bolsillos. Su modesto lenguaje corporal contrastaba con la actuación estelar que acababa de presentar, lo que sugería que la confianza extra que sentía mientras cantaba la perdía una vez que dejaba de hacerlo. Como sea, era difícil creer que el chico en el escenario sólo tenía trece años de edad.

Cuando volvió al escenario para cantar "Fallin' " de Alicia Keys, Justin estaba vestido mucho más elegante. Tenía una camisa azul claro y corbata azul oscuro. A pesar de que entró al concurso sobre todo para divertirse, también era evidente que lo tomaba con más seriedad conforme avanzaban las etapas. Sin embargo, traía la camisa fuera de los pantalones oscuros, lo que le daba un poco de informalidad a su apariencia.

"¡Muy bien! A continuación escucharemos a Justin Bieber", comentó la presentadora, "Sube y escucharemos 'Fallin'". La canción empieza con una estrofa cantada antes de que entre la música. Justin cantó bien la parte inicial, con un tono áspero en su voz que de nuevo hizo que sonara más maduro y experimentado de lo que en realidad era. Añadió una faceta conmovedora a la canción, poniendo la palma de su mano contra su pecho durante las notas más altas.

Era un cantante refinado que claramente había estudiado los movimientos en escena de las estrellas de la música más importantes. Cuando terminaba la canción, el público estaba gritando y aplaudiendo. "Gracias" dijo amablemente. La presentadora recuperó el micrófono y le dijo a Justin que su actuación había sido "fantástica", añadiendo, "creo que Alicia Keys estaría un poco celosa de tu interpretación".

Fue un Justin más seguro y lleno de energía el que volvió para interpretar la canción edificante "3 a. m.", escrita por Rob Thomas, el cantante de una banda llamada Matchbox Twenty.

"¡Échale ganas!" dijo la presentadora... y fue justo lo que hizo Justin. "Oigan todos", le dijo él al público, poniéndolos a aplaudir sobre la cabeza. Entre las estrofas alentaba al público para que siguiera aplaudiendo. Al terminar la canción en verdad alargó la nota final de nuevo.

Cuando el público empezó a aplaudir, por un momento Justin aplaudió también. Cuando la presentadora se acercó para tomar de nuevo el micrófono, él le hizo una media reverencia. Había sido una actuación animada y merecía hasta el último aplauso y elogio que obtuvo. Justin dejó el escenario eufórico naturalmente... en verdad estaba disfrutando la experiencia de cantar frente a un público en vivo. ¿Y el público? Bueno, ¡también estaba disfrutando mucho la experiencia!

Justin logró estar entre los tres últimos finalistas del concurso gracias a su interpretación de dos canciones más, entre ellas "So Sick", de Ne-Yo. Esta vez empezó la presentación con el micrófono en la base en lugar de sujetarlo, y a pesar de su baja estatura se las arregló para que no lo hiciera ver más pequeño la base del micrófono, que dejó a la mitad de la canción. Fue una interpretación algo discreta en general. Justin se metió la mano a la bolsa en varios momentos, dándole un aire casual a su ropa formal de camisa y corbata. Estaba parado directamente bajo un retrato de la reina

Isabel II en ese momento. Para su segunda canción en esta etapa, Justin estaba vestido con un estilo más informal, más acorde con la imagen que ahora tenemos de él. Vestía gorra de beisbol, jersey holgado y pantalón de mezclilla, junto con los tenis enormes de nuevo.

Animó al público para que aplaudiera mientras comenzaba la canción y luego realizó algunos movimientos de *break-dance*, incluyendo una maravillosa rotación hacia atrás que produjo ruidos de admiración en la multitud. "¡Vamos, sí!", dijo, arrojando la gorra de beisbol al público como una verdadera estrella.

La canción que estaba interpretando era "Basketball", de Lil'Bow Wow, quien había empezado su carrera con sólo trece años de edad. Justin bailó descaradamente durante toda la canción, poniéndose el capuchón de su jersey en un punto. Su baile no fue del todo a nivel de un Michael Jackson, pero fue maravilloso para un chico de su edad y con su nivel de experiencia. El público mostró su reconocimiento con aclamaciones y gritos.

Al final del evento, era evidente que Justin estaba compitiendo con rivales de más edad pues cuando se paró en el escenario junto a las dos competidoras que se le unieron para conformar los tres finalistas eran mucho más altas que él. En ese momento olvidó que entró al concurso principalmente para pasarla bien: ahora que había llegado tan lejos, Justin tenía muchas ganas de ganar y estaba comprensiblemente nervioso mientras esperaba que se anunciara al ganador. Tal vez no fuera un escenario o un público tan grande como el de *The X Factor* o de *American Idol*, pero para Justin en ese momento significaba todo.

Una presentadora diferente entró al escenario para emitir el veredicto final de los jueces. Comenzó con una mención chistosa de que se sentía un poco incómoda de ser quien diera la información. "Por lo tanto, no estoy segura del porqué, de entre todos mis compañeros jueces, a mí me tocó dar los resultados de la votación, ¡pero está bien!". Entonces se dirigió a los tres competidores y les dijo que "todos eran ganadores", sin importar quién terminara en el primer lugar. Añadió: "Se requiere mucho para subir al escenario a mostrar un talento así. Sé que el público ha venido cada semana y que ustedes han presentado una actuación fenomenal cada vez. Por favor, nunca se detengan. Como dije de cada uno de ustedes en diferentes ocasiones, es muy importante lo que hacen y la música es muy importante… así que sigan cantando, sin importar nada".

Los tenía esperando… los tres competidores estaban desesperados por escuchar quién había ganado. Justin parecía especialmente nervioso, aunque trató de ocultar su ansiedad poniendo sus manos en las caderas. La presentadora se dirigió entonces al público, que aclamó lleno de emoción, sabiendo que el veredicto final estaba a unos segundos de distancia.

"Por lo tanto", empezó, antes de reírse nerviosamente mientras la tensión continuaba llenando la sala. "Muy bien, Emma me va a ayudar. Va a pasar la antorcha a nuestro siguiente ganador del Stratford Star… ¡que este año es Kirsten Hawley!".

Justin estaba enormemente desilusionado de no haber ganado, pero mostró gran madurez en su respuesta. Aplaudió a Kristen mientras le entregaban el premio y fue el primero en ofrecerle un apretón de manos de felicitación. Tenía poco más de la mitad de la altura de la ganadora, pero por la forma en que manejó la derrota se mantuvo muy en alto.

"Tengo más qué decir", afirmó la presentadora, una vez que disminuyeron los gritos y los aplausos. "Se ha invitado a los tres competidores para que canten en una función benéfica para autismo", explicó, pidiéndoles que se quedaran por cinco minutos de manera que les pudiera dar los detalles. Entonces entregó a Justin y a la otra finalista un premio de compensación. Mientras el público mostraba su reconocimiento a los finalistas, la presentadora se inclinó para abrazar a Justin. Cuando los tres bajaban del escenario al terminar la noche, quedó notablemente claro una vez más lo mucho más bajo que era en comparación con sus rivales.

A pesar de sentirse deshecho por no haber ganado después de haber cantado tan bien, Justin continuó siendo elegante en la derrota y se las arregló para dirigir una bonita sonrisa a la ganadora mientras le aplaudía de nuevo. Nuevamente, sonrió con dulzura cuando otra de las organizadoras les dijo a los competidores que se daba cuenta de lo duro que habían trabajado.

Pudo no haber ganado el concurso, pero Justin había ganado muchos corazones. Personas que han terminado como finalistas en concursos de talento a veces han seguido adelante y les va tan bien o incluso mejor que al ganador. La banda de niños JLS se desilusionó cuando terminaron como finalistas frente a Alexandra Burke en la serie de televisión de *reality* inglesa *The X Factor*. Sin embargo, desde entonces ha vendido más de un millón de discos y también ha ganado dos prestigiosos Premios BIRT, lo que ha llevado a algunas personas a creer que le fue mejor que a la ganadora.

No es la única excepción: en la primera serie de *The X Factor*, los finalistas, de una banda llamada G4, siguieron adelante para vender más que el ganador, un cantante de *soul* de voz ronca llamado Steve Brookstein. Lo mismo ha sucedido en concursos de talento de la televisión estadunidense y canadiense, así que el joven Justin podía encontrar ánimo en lo bien que había actuado. Y así ha sido, ¡podría convertirse en el finalista más exitoso de todos los tiempos!

Tras el concurso, Justin empezó a cantar cada vez más. Gran parte de sus ensayos eran en su casa, pero también empleó su creciente experiencia actuando en el escenario para su beneficio al contratarse para distintos eventos locales.

En agosto de 2007 formó parte de un concierto que se vinculó con un evento de concientización del medio ambiente conocido como Apagón Virtual. Se animaba a los residentes del lugar a apagar aparatos eléctricos, luces, televisiones, computadoras y demás, por unas cuantas horas para ahorrar energía. "Necesitamos hacer que la gente sea consciente de nuestra dependencia a la energía", comentó uno de los organizadores. El evento resultó ser una experiencia alegre y positiva ya que los residentes, privados de sus medios modernos de entretenimiento, se lanzaron a las calles a platicar entre ellos.

Por unas cuantas horas, Stratford volvió a los "viejos días". Muchos ciudadanos encontraron el camino a un concierto al aire libre que se estaba realizando en un quiosco de música de la avenida Veteran. Con todo y comida a la parrilla, fue un evento divertido en el que numerosos artistas locales tocaron música acústica, ¡sin que se viera ni una guitarra eléctrica! Tomaron parte todo tipo de actos y los estilos musicales iban de *rock and roll* a *bluegrass*. Con fuertes aplausos del público, Justin cantó un dueto con su madre Pattie y un informe lo describe como el "favorito de los aficionados". Es claro que había aprovechado su experiencia del Stratford Star.

El concurso tuvo otra influencia importante en Justin: se dio cuenta que cantar y actuar era lo que quería hacer en su vida. "Fue entonces que comprendí que lo que en realidad quería hacer era cantar, era mi pasión", comentó Justin respecto a su participación en el concurso. Se ha informado que Justin terminó en el segundo lugar en el concurso de septiembre de 2007, pero una de las organizadoras dice que hubo un malentendido. De acuerdo a Angie Adair, que ayudó a contar los votos, sólo se anunció al ganador en la noche. Afirmó que Justin terminó en tercero, quedando detrás de las dos chicas de más edad.

Como sea, Justin salió muy bien en un concurso dominado por cantantes mayores que él. Mimi Price, otra de las organizadoras del concurso, se dio cuenta de inmediato que Justin no era un niño ordinario. "Sabíamos que había algo especial, y pensábamos que si le daban un par de años con educación de la voz estaría completo", comentó a *The Toronto Star*. "Es claro que estaba a la altura del reto y que tenía el carisma, simplemente no tenía la experiencia". En la actualidad, al ver a Justin Bieber actuar como cantante profesional, Mimi Price se queda impresionada, en especial al ver su habilidad para bailar. "Qué movimientos, ¡madre mía!", dijo.

¡En verdad madre mía! Poco podía Price o cualquier otro haber sabido en ese momento de que los videos de las actuaciones de Justin que su madre había filmado con su cámara de mano serían el trampolín para que se convirtiera en una superestrella global. Pattie había estado ahí y también los abuelos de Justin, pero otros se lo habían perdido, incluyendo a su padre.

Tanto Pattie como Justin estaban orgullosos de lo que él había logrado, así que cuando fueron a casa después de que terminó el concurso, estaban entusiasmados por compartir los videos de sus canciones con parientes y amigos que no lo habían visto. Pensaron en poner los videos en discos que pudieran enviar por correo, o incluso enviarlos como anexos en correos electrónicos a las personas interesadas. Sin embargo, ambas rutas tenían complicaciones y decidieron que debía haber una forma más simple…

La respuesta les llegó de repente: ¡el sitio de Internet para compartir videos, YouTube, era la forma perfecta para enviar los videos de Pattie! Todo lo que tenían que hacer era subir los videos al sitio de Internet y luego enviar por correo los vínculos a cualquiera que estuviera interesado en verlos.

Justin abrió su propia cuenta de YouTube con el nombre de usuario "kidrauhl". Nunca explicó por qué usó este nombre de usuario. Algunas personas piensan que podría significar "Kid Rule (poder del chico)", otros creen que lo escogió porque su padre tiene un nombre de usuario similar para sus propias actividades en Internet. Como sea, el nombre pronto se daría a conocer en todo el mundo... ya que su cuenta de YouTube estaba destinada a ser un enorme éxito.

"Puse mis videos de canto del concurso en YouTube para que mis amigos y familia los pudieran ver", recordó Justin. "Pero resultó que también les gustaron a otras personas más", añadió, y se quedó muy corto. Poco después, su cuenta de YouTube se había convertido en un gran éxito y pronto causaba furor en Internet.

La comprensión de que alguien más que su familia y amigos estaba viendo sus videos tuvo lugar poco a poco en el joven Justin. "Pensaba, bueno, no tengo 100 personas en mi familia", comentó, recordando cómo se elevó el número de visitas. "Y luego pensé, no tengo 500 personas en mi familia. Y tan sólo se fue haciendo más y más larga la lista".

Aunque Justin en ocasiones ha hablado como si su carrera en la música popular no fuera un sueño que hubiera tenido por mucho tiempo, también ha dicho que deseaba hacer algo musical con su vida por tanto tiempo como puede recordar. "Siempre quise ser músico, pero en realidad no sabía qué deseaba hacer", le dijo a *MTV News*. "Básicamente, sólo lo estaba haciendo por diversión". Tal vez su viaje no había sido planeado, pero se estaba acercando a su destino final. La siguiente etapa del sorprendente ascenso de Justin a la cima estaba en marcha...

3

El canal de un campeón

Los videos de Justin eran perfectos para YouTube. Era guapo y talentoso, como podía ver cualquiera que los observara. El estilo casero de los videos que continuó subiendo los hizo más atractivos y agradables. La gente estaba encantada con este niño, que no sólo parecía talentoso, sino genuino y centrado. El sitio de YouTube permite a los usuarios "calificar" los videos que observan y también permite que se reciban las reacciones. Conforme se disparaba el "contador de visitas" para sus videos, Justin empezó a recibir un diluvio de reacciones positivas de personas que los habían visto y les encantaban. Estaba formando una gran base de seguidores en Internet. Sus comentarios variaban, pero casi todos eran de admiración y la mayoría estaba de acuerdo en algo: ¡deseaban ver más videos de Justin!

Durante los siguientes meses interpretó más canciones mientras su madre lo filmaba y subieron los mejores videos de ellos al canal de YouTube. Después de que sus videos de Stratford Star demostraron ser tan populares, empezó a subir videos filmados en su casa. El primero lo presentaba tocando en el teclado una canción escrita por su abuela. Se le ve usando una playera de color azul claro sobre un jersey azul oscuro. Hay dos guitarras en el fondo, enfatizando lo musical que era la casa en que vivía.

La leyenda de Pattie para el video reconoce que podría no estar tocando toda la tonada a la perfección, "pero creo que está cerca". Tomada en su mayor parte desde el costado de Justin, durante el video mira sobre su hombro hacia la cámara varias veces. La tonada que está tocando es dulce y casi hipnotiza a quien la escucha.

Desde que se subió en enero de 2007, este video ha sido visto en YouTube más de un millón de veces.

El sitio de Internet que albergó los videos de Justin con un éxito tan notable se fundó dos años antes de que él creara su propio canal. Fue idea de tres hombres, Chad Hurley, Jawed Karim y Steve Chen; la inspiración que tuvieron al fundar YouTube refleja la misma razón que Justin tuvo para usarlo al principio. Chen, según dice la historia oficial, había dado una fiesta y deseaba encontrar una forma fácil de compartir el video de la noche con sus amigos. Así que con base en una oficina sobre una pizzería y un restaurante japonés, se pusieron a trabajar, y lo primero que lanzaron en el sitio fue un video de la visita de Karim a un zoológico.

Menos de un año después del lanzamiento del sitio de Internet, se estaban subiendo más de 65 000 videos nuevos todos los días... y se tenían100 millones de visitas para verlos. Después de eso la compró la poderosa compañía de Internet, Google, e hizo tratos con gigantes de las películas como MGM y Lionsgate, además de compañías de televisión como CBS. En la actualidad, YouTube tiene más de dos millones de visitas cada día. Ofrece todo tipo de videos, incluyendo algunos que son graciosos como *Scarlet Takes a Tumble* (*Scarlet cae en picada*). Este video presenta a una chica que canta a la cámara. Está parada sobre una mesa de café para tener un mejor desempeño y todo parece bien... hasta que deja la mesa y cae de golpe al piso. Es el video que Justin considera su favorito en el sitio de YouTube. Es tan popular que la gente ha añadido los videos que muestran la reacción que tienen después de verlo.

Sin embargo, en esta etapa, Justin no sólo estaba observando los videos de YouTube, ¡sino que era la estrella de ellos! Cuatro días después, Pattie y Justin añadieron otro video más a su canal, en el que toca la guitarra y canta "Refine Me" de Jennifer Knapp. En este video, está sentado en el sofá de su sala y la lámpara junto a él está encendida, lo que sugiere que se filmó al anochecer. Viste jersey gris con la capucha sobre la cabeza. Rasguea la guitarra con la mano izquierda e interpreta la letra conmovedora y religiosa de la canción con su mezcla característica de dulzura y poder. Sólo se grabó una estrofa y el coro, pero Justin los canta tan bien que ni siquiera importa la brevedad del video. De hecho, esto causó que los espectadores desearan más... lo que siempre es algo bueno mientras se crean nuevos seguidores en Internet.

Pasaron más de dos meses antes de que se añadiera el siguiente video al canal, pero incluso durante la pausa en subir materiales la gente siguió viendo sus videos existentes y elogiándolos mucho.

El 25 de abril de 2007 se añadió el siguiente video a YouTube. En el texto que lo acompañaba, Pattie escribió: "Lo tomé justo antes de que se cepillara los dientes", mientras interpretaba la canción "Back at One" del músico de *rhythm and blues* Brian McKnight. Así que Pattie le pidió que siguiera cantando mientras filmaba. "Sólo está entreteniéndose aquí, pero creo que es lindo y divertido", escribió, y añadió que "su cabello había vuelto a crecer".

La última afirmación hace referencia al vistoso corte de pelo que Justin tenía en el video. Le habían cortado el pelo corto y tenía rayas paralelas en todas partes. Sin embargo, lo que importa es lo bien que canta, incluso mientras se prepara para cepillarse los dientes. El video empieza con él cantando el coro y de inmediato queda claro que Justin, que en videos anteriores había mostrado que tiene gran voz para música *pop* y *folk*, también puede cantar con un estilo más provocador de *rhythm and blues*. Cuando llega a la línea que aborda el tema femenino de la canción, se da la vuelta y mira hacia la cámara.

La interpretación completa está muy refinada. Cualquiera que haya visto el video promocional oficial para su canción "One Time", notaría unas cuantas semejanzas. Para empezar, cuando canta la palabra "uno", levanta un dedo, igual que como hace en el video de "One Time". De la misma manera, en ocasiones mantiene la palma de la mano plana contra el pecho, movimiento que ha realizado con frecuencia durante las presentaciones desde que se hizo famoso. Sin embargo, en aquel entonces sus videos eran más improvisados pero efectivos… lo cual era parte de su encanto.

Al final del video "Back at One", Justin olvida la letra y sencillamente tararea la melodía antes de añadirle: "Olvidé la letra… cepillo mis dientes" a la melodía. El video termina con él sujetando la pasta de dientes. Al momento de escribir esto, el video había sido visto casi cinco millones de veces. Más tarde el mismo día, se añadió otro video al canal. En él se le grabó parado contra una pared lisa, cantando "fragmentos" de "Because of You" de Ne-Yo. Pattie se aseguró de grabar a Justin desde arriba en algunas partes de la canción, de manera que el corte de pelo con líneas paralelas se pudiera ver con claridad. Justin balanceaba el torso de un lado a otro mientras cantaba y parecía estar casi en éxtasis al interpretar las conmovedoras estrofas.

Los videos demostraban ser cada vez más populares mientras Justin enseñaba diferentes elementos de su gama musical y de su personalidad con cada video nuevo que subía al canal. Los contrastes quedaron claros por el hecho de que después de dos canciones sucesivas del estilo de *rhythm and blues*, la siguiente que subieron Justin y Pattie fue una pieza del cantante de *indie rock* Edwin McCain. La canción que Justin decidió interpretar fue "I'll Be", considerada un éxito para McCain en 1998 (¡cuando Justin sólo tenía cuatro años de edad!). Justin parece haber filmado él mismo este video, simplemente poniendo la cámara directamente sobre la mesa, frente al sofá de la sala. Al final, el espectador puede ver a Justin estirándose para apagar la cámara.

Con dos minutos y diez segundos, es más largo que algunos de los videos previos e interpreta la canción con brillantez. También rasguea bien su guitarra, hecho que a veces se pasa por alto debido a la fuerza de su voz. Es interesante que Justin se salte dos veces la línea sobre "suicidio de amor". El otro hecho sobresaliente de este video es que está filmado en un tono "sepia", que le da una apariencia más cálida, ligeramente más profesional que sus proyectos anteriores.

El número de los seguidores del canal "kidrauhl" seguía creciendo y creciendo. Justin y Pattie se dieron cuenta que él tenía un público importante y que entre los miles de personas que estaban viendo cada video podían encontrarse contactos importantes de la industria del entretenimiento. Así que decidieron exhibir la gama completa de sus talentos en el canal. Hasta el momento se le había mostrado cantando, tocando guitarra y teclado.

Los siguientes dos videos, que se subieron en julio y agosto de 2007, iban a resaltar lo maravilloso que era con los tambores. El primero fue un video de cuarenta y dos segundos de Justin vestido con una simple playera y pantalones cortos, sentado en el sofá, tocando un tambor africano llamado *djembe*. Éste se ha convertido en un instrumento popular entre los músicos de rock y lo han empleado todos, desde los Beatles hasta U2. Justin lo toca bien y, aunque es corto, el video le muestra al mundo que este niño tiene muchos talentos musicales.

El segundo video, añadido en agosto, dura más de dos minutos y muestra a Justin usando un jersey blanco y negro con capucha y gorra negra. Lo filmaron en el escenario antes de un concierto al aire libre, tocando una batería blanca. Es el primer concierto en vivo del que se sabe ampliamente que Justin formó parte y muestra que ser pequeño de tamaño no significa que no puedas tocar duro y bien los tambores. El mismo día se añadió el video del espectáculo en vivo, y el hecho de que el concierto fuera al aire libre queda claro por el sonido del viento soplando a su alrededor. Este video presenta a Justin actuando la canción de Lifehouse "You and Me". Está sentado en el escenario, tocando la guitarra mientras canta. Esta canción de amor se presentó dos años antes de que se tomara el video y la gran interpretación de Justin es del completo agrado del público en el concierto. El público grita y aclama al final, provocando un "gracias" tímido y dulce de Justin. Lo más impresionante de este video es lo cómodo que Justin está en el escenario.

No es sorprendente la reacción positiva que le llegaba de los navegadores de YouTube. Se estaba extendiendo como fuego la noticia del sorprendente niño canadiense con la voz maravillosa y gran talento musical. "La gente lo estaba viendo y se estaba suscribiendo", recordó. Además de la alabanza, Justin también estaba comenzando a recibir solicitudes de más canciones que elegía el creciente número de admiradores. Otros de sus seguidores hacían preguntas o sólo comentarios emocionados.

Algo interesante es que mientras Justin estaba compartiendo sus videos para que cualquiera los viera en YouTube, también mantuvo silencio respecto a lo que estaba haciendo entre sus compañeros de clase y amigos. "No les dije nada de esto a mis amigos porque en realidad no sabían que yo podía cantar", comentó, "me conocían por participar en deportes. Sólo deseaba ser un niño normal y sabía que no me tratarían de la misma manera si les contaba".

Justin siempre ha sido alguien humilde y ha mantenido esta gran característica durante todo su camino a la cima. Así que no es sorprendente que no estuviera presumiendo en la escuela respecto a su popularidad en la Red Mundial de Internet. Pudo haberlo utilizado como una gran respuesta para los brabucones del patio de la escuela, o tal vez pudo haberlo empeorado al mostrarles lo popular que estaba empezando a ser en el mundo en general.

Esa popularidad estaba creciendo todo el tiempo. La gente estaba fascinada con Justin y se estaba elevando el número de visitas de Internet, al igual que el nivel de reacciones que estaba recibiendo. Entre los que se pusieron en contacto con él mediante su canal de YouTube estaban algunos representantes de una compañía con sede en Toronto llamada Rapid Discovery Media (RDM). La compañía, que se especializa en promover a la gente mediante el Internet, sólo tenía dos años de haberse creado cuando se fijó en Justin. Como alardea su perfil en MySpace: "Ya sea que no tenga contrato y sea desconocido o que sea una celebridad suscrita, nuestros expertos están aquí para ayudarle con sus metas de producción, promoción y finanzas".

La gente de RDM estaba sorprendida por el talento de Justin y sintió que podía ayudarle a hacer su canal de YouTube todavía más popular. Ellos no tenían dudas de que Justin tenía todos los ingredientes para ser un éxito de la música *pop* y sentían, en concordancia con el nombre de la compañía (Medios de Descubrimiento Rápido, traducido al español), que ellos podían ayudarlo a lograrlo con más rapidez. Pattie y Justin tenían ambiciones, pero también eran cautos y meditaron en la oferta y sus implicaciones antes de decidir cómo responder. Al final, decidieron que Rapid Discovery Media parecía tener gente buena, experimentada y brillante, y decidieron trabajar con ella. No fue una decisión que lamentarían.

La compañía era fiel a su nombre y en verdad actuó "rápidamente" a favor de Justin. Ellos rediseñaron su canal de YouTube, le ofrecieron su destreza técnica para mejorar la calidad y atractivo de sus videos y también le ayudaron a abrir una cuenta en el siempre popular sitio de redes sociales MySpace. Al mismo tiempo empezaron a presentar sus videos en su propio canal de YouTube, lo que ayudó a atraer más admiradores nuevos.

Justin había conseguido muchos seguidores por su cuenta, pero con los expertos de su lado, que utilizaban todo su conocimiento y entusiasmo para alcanzar sus metas, pronto todo estaba marchando sobre ruedas. Mientras lo ayudaban a aumentar su club de admiradores, RDM también insistía en que Justin siguiera haciendo lo que ya hacía de la mejor manera... grabar fantásticos videos musicales para su canal de YouTube. Pronto se tendrían ahí muchos más videos llamativos nuevos. Justin se estaba acercando cada vez más a su primera oportunidad en la industria de los discos.

JB

Vale la pena recordar que mientras todo esto sucedía, Justin era sólo un adolescente normal, haciendo lo que hacen los jóvenes de su edad. Como hemos visto, mantuvo el silencio en la escuela respecto a sus actividades en Internet. Continuó participando en deportes, incluyendo futbol y *hockey*. Iba a la escuela y a la iglesia. En su casa era un niño travieso y atrevido que no cambió en nada, incluso mientas su canal de YouTube empezó a convertirlo en celebridad de Internet.

Mientras Rapid Discovery Media trabajaba con tesón en afinar y promover sus talentos entre públicos más amplios, Justin mantuvo los pies en la tierra y continuó haciendo lo que hace mejor que nadie más en el planeta... ¡ser Justin Bieber!

Mientras más gente notaba su talento para cantar en su canal de YouTube, Justin empezó a recibir peticiones de algunos espectadores. Una de las canciones que la gente le pedía que cantara era

"Do You?", y de Ne-Yo. Anteriormente ya había mostrado que podía interpretar bien una canción de Ne-Yo. Así que con este nuevo reto que le pusieron sus admiradores pudo reafirmar una vez más su alcance y talento.

Subió el video en septiembre de 2007 y al instante produjo radiantes comentarios y altas calificaciones de sus espectadores. Lo filmaron usando playera blanca y parado contra un fondo negro, y aunque el video no estuvo bien iluminado, tenía una apariencia más profesional que algunos de sus trabajos anteriores. Mientras cantaba la línea sobre preguntarse si "alguna vez piensas en mí ahora", contenía un elemento de ironía. Los admiradores de Justin estaban pensando en él, todo el tiempo, y esperando que añadiera más canciones a su sitio de Internet.

No tuvieron que esperar mucho ya que más tarde ese mismo día subió su interpretación a "Wait for You" de Elliot Yamin. Yamin es un cantante estadunidense que alcanzó la fama como resultado del programa televisivo de *reality* American Idol. Quedó en tercer lugar en la quinta serie del programa, pero se las arregló para crearse una exitosa carrera a pesar de no ganar.

Seleccionado como resultado de otra solicitud de los navegadores, "Wait for You" es una balada lenta y conmovedora y Justin la canta bien en el video. Se muestra de nuevo su hábito característico de poner la palma de su mano contra el pecho durante las líneas más emotivas. Se grabó dentro de su casa y fue el último video que se hizo ahí por un tiempo: los siguientes videos se harían en otras partes, ya que Justin se aseguraba de mantener la variedad en su canal.

En octubre de 2007, Justin subió un video de él tocando en vivo en el escenario con una banda de *rock*. Justin estaba en la batería de la banda conocida como The Amazing Kids. Los guitarristas se llaman JD y Alex Tintinalli, mientras que no se da el nombre del bajista y tocan la legendaria canción de *rock* "Free Bird". Lanzada por primera vez por Lynyrd Skynyrd en la década de 1970, "Free Bird" se ha convertido en una canción enormemente popular, que puede ser muy larga, y dura hasta quince minutos cuando se toca en vivo, y las improvisaciones instrumentales ocupan muchos de esos minutos.

Cuando The Amazing Kids la tocaron en vivo, era claro que estaban siguiendo esta idea y Justin los llevó por varias etapas, estableciendo un ritmo maravilloso y consistente en su batería negra. La sección de su interpretación presentada en YouTube se divide en dos videos separados. Como promete lo escrito para el segundo video: "Justin Bieber se aloca con la batería en este fragmento". No decepciona. Como es costumbre para el baterista en la canción, golpea la batería con fuerza, con algunos redobles fantásticos, uno de los cuales lleva a la canción a su estrepitoso final. Es una de esas canciones en las que el baterista, que por lo general eclipsa la actuación de los otros miembros de la banda, se convierte en el centro de atención.

Al final, el público aclama su actuación y uno de los miembros de la banda de inmediato señala a Justin para una felicitación especial. "Justin en la batería, ¡muestren su entusiasmo!" exclama el miembro de la banda y el público responde con gran euforia.

Al mover el lugar para este video de la sala de su casa a un escenario, Justin mostró lo preparado que estaba para formarse una carrera profesional. Así como podía tocar la batería en una canción de *rock* enérgica y de adultos, también podía cantar baladas dulces y melodías provocadoras de *rhythm and blues*; en verdad era un chico con múltiples talentos.

Cuando grabó su siguiente canción para YouTube, Justin no podía imaginarse que en menos de dos años cantaría esa misma canción de nuevo, aunque esta vez no para un público de Internet, sino para un público muy prestigioso en un escenario increíble. La canción fue "Someday in Christmas", que grabó la leyenda del *soul*, Stevie Wonder, en la década de 1960, y sus mensajes idealistas y esperanzadores han hecho que se le compare con "Imagine" de John Lennon.

Es una canción muy poderosa y la interpretación en vivo de Justin es sorprendente, por mucho la mejor hasta la fecha. La interpreta con su combinación característica de dulzura juvenil y una madurez que supera sus años. Mientras canta la letra idealista sobre un mundo sin guerra o pobreza, quien escucha puede imaginar, por un par de minutos, que es posible algo así.

El video se subió por primera vez en noviembre de 2007, pero se añadió una versión de mayor calidad el siguiente mes, en la Nochebuena. Justin cantó tan bien que incluso el juez de televisión de *reality* Simon Cowell no hubiera podido encontrar error en su interpretación. En ese momento Justin nunca hubiera imaginado que estaría interpretando esa canción de nuevo, ¡pero esta vez para el presidente de Estados Unidos de América!

Entre los momentos de subir estos dos videos, Justin había añadido material de él cantando una balada conmovedora llamada "Set a Place at Your Table". Se le muestra grabando la canción para un CD de Navidad que se vendió localmente para juntar dinero para un banco de alimentos. La canción es apropiada para la beneficencia ya que trata sobre poner un lugar en la mesa para alguien necesitado y producir esperanza con esa experiencia. Con un coro que lo apoyaba en segundas voces, Justin rara vez ha sonado más dulce y más enternecedor.

"Muy bonito", surge la voz del productor al final. "Graaacias", contesta Justin. Cuando termina el video, aparece un mensaje en la pantalla: "Feliz Navidad de Justin Bieber".

Había sido un año sorprendente para él. Como resultado de sus proezas en YouTube, Justin terminó el año con miles de admiradores que no habían oído de él la Navidad previa. En verdad una feliz Navidad para él y para Pattie. No podían saber lo que les traería 2008, pero pudieron sospechar, al menos un poco, las grandes cosas que estaban en el horizonte.

Justin subió el primer video del año nuevo en febrero. En él interpretó la canción de Chris Brown, "With You", y es con este video que por primera vez se hace notar la influencia de Rapid Discovery Media. Justin vestía un jersey en onda con escritos que parecían grafiti.

Empieza la canción sentado en un sofá, pero se levanta a la mitad y se mantiene de pie el resto de la interpretación. En su pared se encuentran carteles, incluyendo uno de la serie de caricaturas *Los Simpson* y uno del artista de *rap* Tupac Shakur. Justin interpreta la canción con una cinta de respaldo instrumental, y el video está mejor iluminado que los anteriores. La forma en que baila y emplea sus manos para expresar la letra de la canción hace que esta interpretación sea similar a la que haría después en el video de "One Time".

De nuevo, el video estaba recibiendo respuestas emocionadas y elogiosas en la red, pero unos días después de que estuviera en el sitio, Justin recibió alabanzas para su interpretación de una fuente inesperada: Chris Brown, el hombre que cantó originalmente "With You", fue quien habló inesperadamente. Estaba impresionado por la versión interpretada por Justin de la canción y lo felicitó. "Hablé con él por teléfono", confirmó Justin.

Gracias a las alabanzas que ahora llegaban de cantantes profesionales famosos, la confianza de Justin en verdad estaba en lo alto. Tal vez en realidad estaba hecho para una carrera como famoso artista de música pop. Todas las alabanzas que estaba recibiendo lo llenaron de esperanza y determinación. Para este momento tenía gran cantidad de admiradores y sentía que debía continuar con la música sólo para mantenerlos felices. Por fortuna, continuar con su música también lo hacía feliz a él… ¡así que todos eran ganadores mientras Justin continuaba formando su página de YouTube!

Más adelante en el mismo mes, Justin sacó de nuevo su guitarra mientras hacía su interpretación de "Cry Me a River". Traía una gorra bonita y se sentó en el sofá de la sala mientras interpretaba la canción de mucho ambiente que había sido un enorme éxito para su tocayo Justin Timberlake en diciembre de 2002. También hizo que el joven señor Timberlake ganara un premio Grammy para la mejor interpretación vocal masculina de música *pop* dos años después. Como se lo esperaban los admiradores de Internet de Justin, interpretó la canción a la perfección, tanto al tocar la guitarra como al cantar, y su voz fue tan lastimera y tan conmovedora como exigía la canción.

Justin quedó muy impresionado por la llamada de Chris Brown después de su interpretación de "With You", pero en ese momento nunca hubiera creído que pronto sería la causa de un enfrentamiento entre Timberlake y otra estrella de moda, donde ambos hombres se desesperarían por firmar un contrato de representación con él. En las palabras del video se añadió una explicación de cómo pronunciar el apellido de Justin: "suena como Bieber". Con la noticia de que su talento se extendía rápidamente de boca en boca, ¡Justin y su equipo estaban interesados en asegurarse de que se pronunciara bien su nombre!

Uno de los muchos artistas con los que Justin Timberlake había hecho duetos era con una cantante holandesa Esmée Denters. También firmó contrato con su compañía disquera. El 2 de marzo de 2008 se añadió un video al canal de YouTube de "kidrauhl", con Justin Bieber cantando "With You" de nuevo. Sin embargo, fue un video muy diferente a la primera interpretación de la canción. Con gorra azul, playera azul y pantalones cortos deportivos rojos, se ve a Justin en un nuevo escenario respecto a sus videos previos, parado en una habitación pintada con colores brillantes y una pintura de una guitarra colgando en los muros amarillos.

Sentado en un sofá frente a él está Esmée Denters y es a ella a quien canta la canción. Justin parece muy relajado mientras flirtea juguetonamente con ella durante la canción… e incluso los momentos en que parece un poco incómodo sólo aumentan la ternura del video.

Denters tiene seis años más que Justin, pero parece encontrar divertida e impresionante la interpretación. Al final choca la mano con Justin y dice: "¡Vaya!, ¡Eso fue formidable! ¡Tienes mucho talento!".

Era la prueba de lo lejos que su canal de YouTube había llegado en poco más de un año. Comenzó con un puñado de videos grabados improvisadamente cuando participaba en el concurso del Stratford Star, que se subieron tan sólo para que los disfrutara la familia y amigos íntimos. Luego se añadieron algunos de Justin cantando y tocando instrumentos en su casa. Conforme crecía su popularidad había empezado a cambiar la naturaleza de los videos: unos cuantos de él actuando en vivo en el escenario con guitarra o tambores; algunos otros tocando sólo teclados o tambores sin acompañamiento. Ahora se le mostraba interpretando juguetonamente una canción romántica a una artista muy conocida que ya grababa música.

RDM orgullosamente reclamó gran parte del crédito del éxito de Justin por fomentar su popularidad mediante YouTube. El sitio de Internet de la compañía presume lleno de orgullo que "RDM fue responsable de impulsar la presencia de Justin en YouTube hasta los 100 canales de suscripción más importantes de todos los tiempos, y al músico número uno en su país en YouTube, ampliando su alcance de 100 a 100 000 suscriptores, además de crear y manejar su canal de MySpace, situándolo entre los diez músicos más importantes de su país y en el número uno en su género con más de 50 000 amigos en sus primeros diez meses".

Estaba demostrando que era un ejemplo brillante de cómo se pueden promover los músicos mediante Internet. Pero Justin no es el único artista musical en emplear Internet de manera tan brillante. Varias compañías discográficas habían rechazado a la cantante británica de música *pop* Lily Allen y ella casi había renunciado a su sueño de convertirse en estrella de música *pop* antes de que cambiara de idea y decidiera intentarlo una vez más. Subió versiones de las "cintas de demostración" de sus canciones a su perfil de MySpace para poner a prueba la reacción del público y pronto tuvo en Internet un grupo de fanáticos. Mientras se hacía de decenas de miles de admiradores de MySpace, la forma poco convencional de promover su música significó que los medios de comunicación escribieran sobre ella, lo que causó que consiguiera más admiradores. Desde entonces se ha convertido en un éxito de la música *pop*, ha vendido millones de álbumes y ha ganado importantes premios, incluyendo un premio Mercury y uno Ivor Novello.

La banda británica de música *indie* Artic Monkeys empleó una técnica muy similar, y es muy conocida por su pegajoso sencillo "I Bet You Look Good on the Dancefloor", que se convirtió en éxito número uno en el Reino Unido. Su fama creció mediante MySpace, aunque se discute si fue una táctica deliberada de ellos o si fueron sus admiradores los que causaron su fama en Internet.

La cantante estadunidense Savannah Outen también empleó Internet para lanzar su carrera, y también escogió seguir la misma ruta de Justin… subir videos de ella cantando en YouTube. El primer video que subió fue la canción "Listen" de la película *Soñadoras*. Recibió una enorme ovación en Internet y solicitudes para que grabara más videos, y en la actualidad es una artista establecida que graba canciones y que es muy popular en particular entre el público de Disney. Ha firmado muchos acuerdos de apoyo y se han visto casi 50 millones de veces sus videos de YouTube.

Una ruta muy parecida lanzó la carrera de la cantante portuguesa Mia Rose. Cuando era una estudiante, Mia empezó a subir canciones en el sitio durante sus vacaciones de Navidad en 2006. Poco después era la artista con más suscripciones en YouTube y desde entonces ha lanzado una exitosa carrera con una compañía disquera y enorme cobertura de los medios de comunicación.

De la misma manera, Esmée Denters, la estrella holandesa a la que Justin cantó en uno de sus videos de YouTube, también obtuvo un contrato con una compañía disquera como resultado de subir sus videos a Internet. También lanzó su campaña en Internet en 2006 y después de lograr captar la atención de un importante manejador musical recibió un contrato con Tennman Records, la compañía dirigida por la estrella de música *pop* Justin Timberlake.

Como veremos, existen semejanzas entre la carrera de Bieber y la de Denters. Entre otras acciones para emplear Internet con éxito y alcanzar la fama estuvieron las de la cantante escocesa Sandi Thorn, que empleó "emisiones en vivo en Internet" con gran éxito en 2006. Ahora tiene un contrato para grabar con la compañía RCA.

A veces los artistas han empleado la promoción de YouTube al mismo tiempo que siguen una ruta más normal hacia la fama. No hay mejor ejemplo de esto que la superestrella de programas de *reality* Susan Boyle. La desconocida cantante escocesa tuvo una audición memorable para la tercera serie de *Britain's Got Talent*. Cuando apareció en el escenario y afirmó que deseaba ser una cantante exitosa, la mayor parte del público y de los jueces miró hacia el cielo con incredulidad. No parecía una estrella y dudaban que siquiera sonara como tal. Todos esperaban otro momento gracioso de una cantante nueva que pensaba que era maravillosa, pero que en realidad era terrible.

Entonces pensaba en cantar "I Dreamed a Dream" y se hizo notar que era una cantante espléndida. El público se puso de su lado y, al terminar la canción, tenía a todo el teatro de pie manifestando su aprobación a todo pulmón. Con seguridad pasó a la siguiente ronda, pero antes se convirtió en un éxito mundial instantáneo, después de que millones de usuarios de Internet de todo el mundo vieran un video de YouTube de su audición. Boyle se convirtió de inmediato en una de las personas más famosas en la Tierra... ¡y sólo había hecho una audición en un programa británico! Ahora está destrozando los records de ventas de CD en todo el mundo y ha vendido millones de ejemplares de su primer álbum.

En cuanto a Justin, dice que nunca tuvo un sueño y que en lugar de eso, el éxito lo tomó por sorpresa. "Nunca imaginé que subir mis videos a Internet cambiaría mi vida", informó. Pero al incrementarse cada vez más el número de admiradores en YouTube, se preguntó qué podría hacer después para que su música fuera más conocida.

Se había ganado a un grupo de admiradores al subir sus canciones a YouTube. Desde que RDM había empezado a participar con él, su popularidad se había elevado. Y no eran sólo personas "ordinarias" quienes veían sus videos: como había demostrado la llamada telefónica de Chris Brown, la gente en la industria de los discos estaba empezando a prestar atención al niño guapo de Canadá. ¡En sólo siete meses se habían visto sus videos diez millones de veces!

Un día un hombre de Estados Unidos encontró el canal de YouTube de Justin. Puso unos cuantos de los videos y en verdad le gustó lo que vio y escuchó. Tanto que ni su vida, ni la de Justin serían jamás las mismas. Aunque no lo supo de inmediato, Justin acababa de tener la oportunidad que lo llevaría hasta lo más alto del éxito.

E iba a suceder todo muy, muy rápido... de nuevo, tomando a Justin por sorpresa. "Ser famoso nunca estuvo en mi mente", ha comentado. "También es para pensar: ¿Stratford, Ontario... una pequeña ciudad de 30 000 habitantes en medio de la nada? Era algo que no pensaba que fuera posible. Le debo todo a mis admiradores y a YouTube" . Siempre ha estado dispuesto a dar el crédito a quienes lo han ayudado a avanzar en la vida. Bueno, pronto habrían muchas más razones para que diera este tipo de crédito.

Sujétense bien, ya que la historia de Justin está a punto de entrar a un verdadero territorio de sube y baja...

4
Con Usher

La mayoría de las personas conoce la historia de Cenicienta. Es una historia popular de hadas que se ha contado por generaciones mediante libros, obras de teatro y películas; es la historia de una chica que supera circunstancias difíciles para ir al baile real en un palacio. Existen similitudes entre la historia de Justin y la de Cenicienta, como ha señalado una persona clave en su vida. Justin también había cantado sobre Cenicienta en uno de sus éxitos. En este caso, existen gran cantidad de candidatos a los que se podría considerar la "hada madrina" que lo ayudó a "ir al baile", ¡aunque la mayoría de ellos son hombres! Sin embargo, Justin fue afortunado ya que su talento y su adorable personalidad le permitieron hacer amigos y ganar admiradores en todos los lugares donde se presentaba. Pronto iría al baile.

Mientras más y más admiradores veían los videos de YouTube de Justin, también se atraía la atención de un número creciente de buscadores de talento que siempre estaban merodeando con la esperanza de descubrir "la siguiente maravilla". Algunas de estas personas son profesionales serios y genuinos con los contactos y el conocimiento para convertir a artistas prometedores en estrellas.

Sin embargo, otros son personajes menos honrados que no deberían tomar en serio las jóvenes promesas y sus seres queridos.

Pattie compartió y fomentó el sueño de Justin de llevar su canto al siguiente nivel, pero ambos eran cautos y sensatos en sus ambiciones. La crianza de Justin podía carecer de lujos, pero era rica en amor saludable; era un chico con la cabeza firme y no era alguien que daría un salto a lo desconocido en un instante. Por lo tanto, rechazó con cortesía la primera lluvia de ofertas que llegó de posibles manejadores. Algunos de los que se aproximaron eran muy persistentes, pero su insistencia fue en vano. Como muchas personas con talento genuino, las personas más íntimas a Justin lo alentaban a creer que un día surgiría la oportunidad correcta… y que hasta entonces era preferible esperar.

"Se pusieron en contacto conmigo muchos ejecutivos disqueros, muchos manejadores y agentes diferentes", contó Justin a la revista canadiense *Maclean's*. Sin embargo, no saltó a la primera oportunidad. "Básicamente, mi madre pensaba: 'Justin, no creo que esto vaya a suceder, no va a funcionar. No tenemos un abogado, no tenemos dinero para un abogado y no vamos simplemente a firmar algo que no sabemos qué dice'. Así que terminamos rechazando a toda esa gente".

Mientras tanto, y con Justin esperando con tanta paciencia como podía, su madre estaba en verdad trabajando afanosamente por él. Según informes, Pattie se puso en contacto con un abogado de espectáculos en Los Ángeles para pedirle consejo de cómo impulsar mejor la carrera de su hijo. Poco después, se puso en contacto con un joven notable que cambiaría la vida de Justin para siempre.

Este hombre había observado algunos de los videos de YouTube de Justin y se había sorprendido por lo que vio y escuchó. Estaba impresionado en particular con el video de la interpretación de Justin a la canción de Ne-Yo, "So Sick", en la que presentaba esas rayas paralelas en el cabello.

"Me sorprendió que un niño pequeño tuviera un repertorio tan amplio", recordó respecto a la noche predestinada en que lo vio por primera vez. "Entonces lo seguí", añadió, en broma. Sin embargo, a pesar de la broma, este hombre en realidad era muy serio respecto a Justin y su carrera potencial. Al considerar sus propios antecedentes en el campo, la aprobación de este hombre no era algo que se pudiera tomar a la ligera. Por lo tanto, ¿quién era este hombre? ¿Y cómo hizo para convencer a una Pattie que al principio estaba renuente a dejar que Justin firmara con él de manera que pudiera cumplir (y luego superar) sus sueños más alocados?

Dé un paso al frente, Scott Braun, mejor conocido en la actualidad como el Buscador de Talento Braun. Nacido en Greenwich, Connecticut en 1982, doce años completos antes de que Justin siquiera naciera, Scott Braun había sido un hombre emprendedor por largo tiempo. En la escuela fue un alumno exitoso y popular y lo eligieron como Presidente de la Preparatoria. Mientras todavía estudiaba en la universidad Emory en Atlanta, comenzó su primer negocio.

En un sentido, Scott Braun era como Justin... deseaba ganar su propio dinero de manera que no dependiera de lo que le dieran sus padres; igual que Justin cantó en las calles para tratar de lograr cierta independencia, así Braun empezó su propia empresa. También, como Justin, cuando Braun encontraba la oportunidad correcta, la tomaba con todo. Por ejemplo, mientras estaba en la universidad se dio cuenta que un club nocturno de Atlanta llamado Paradox luchaba por tener clientes las noches de jueves. Así que hizo los ajustes necesarios para organizar una fiesta nocturna de jueves ahí con el acuerdo de que mientras el club se llevaba todas las ganancias de las bebidas, él tendría todas las ganancias de las cuotas de entrada. Al llegar el día, llegaron más de 1 000 personas... y Braun se hizo de dinero como consecuencia. Continuó organizando más fiestas de jueves en la noche y pronto se estaba haciendo de una gran reputación como organizador de eventos.

Pronto, el famoso cantante de *rap*, Ludacris se puso en contacto con Braun, al que había conocido en un club, y le pidió que organizara fiestas para él mientras estaba de gira en todo Estados Unidos junto a Eminem. Braun aceptó el reto e hizo arreglos para tener fiestas exitosas en Nueva York, Miami, Atlanta, Tampa y Hartford. Aún sin salir de la adolescencia, Braun estaba tomando forma para convertirse en un empresario exitoso.

Dejó pronto la universidad, lo que al principio consternó a su padre, pero continuó trabajando para justificar su decisión. Su reputación se extendió y continuó haciendo arreglos para eventos sociales de otras personas famosas y también empezó a conectarse con el mundo de la música.

Entonces un día recibió una llamada telefónica de un productor de música llamado Jermaine Dupri. Después de producir álbumes exitosos para Mariah Carey y Usher, Dupri era una figura respetada y exitosa en la industria musical. Muy impresionado por los antecedentes de Braun, Dupri lo contrató para su disquera, So So Def Records. Con sede en Atlanta, Georgia, se especializa en música *hip-hop* y *soul*.

Braun se elevó dentro de la organización y con gran rapidez alcanzó el impresionante puesto de Director Ejecutivo de Mercadotecnia. Entre sus compañeros de trabajo tenía un título menos formal, pero igual de positivo: "Hustla", una forma que se usa en las calles de la palabra "hustler" (hombre trabajador). A Braun le encantaba que le dijeran así, ya que para él "hustla" es alguien que no acepta un no por respuesta; alguien que tiene visión y una meta, y que trabaja para hacerlo realidad; alguien que hace lo imposible para que suceda.

Mucho antes de que se cruzara su camino con el de Justin, Braun era un hombre activo, conducía un elegante Mercedes CLK 320 púrpura y arreglaba fiestas en las que participaban celebridades del más alto nivel, incluyendo a personas como Britney Spears, y codeándose con la realeza del *hip-hop*, como Kayne West.

Es claro que Braun tenía una gran visión y era un trabajador implacable. En 2004, a la edad de veintitrés años, dio el valiente paso de dejar So So Def ya que deseaba formar su propia compañía, a la que llamó SB Projects. Se trataba de una compañía de espectáculos y promoción con una amplia gama de proyectos y ambiciones. Esto concuerda por completo con el hombre que era en sí, que siempre ha tenido en marcha muchas actividades al mismo tiempo, tanto que un amigo suyo admitió que nunca podría mantenerse al tanto de las actividades de Braun.

SB Projects abordaba las industrias de películas, televisión y música por nombrar sólo tres. Su lista de clientes es enormemente variada e incluye músicos, compañías de autos y equipos de futbol americano, entre muchos, muchos otros. Braun había llegado a ser tan exitoso en tantos campos diferentes que la influyente revista estadunidense *Billboard* una vez lo nombró en una encuesta de los principales "participantes de poder" del año.

Algo con lo que todos los que han tenido contacto con Braun seguramente estarán de acuerdo es que merece todo ese éxito. Sin embargo, estaba a punto de llevar una carrera que ya era muy exitosa a nuevas alturas de dinamismo… y Justin sería el vehículo para ese viaje.

Poco después de que formó su propia compañía, Braun se tomó un tiempo para ir a ver un partido de básquetbol. Como siempre sucede con Braun, incluso cuando estaba seguro lejos de la oficina, encontró difícil separarse por completo del trabajo. Vive para el éxito y su cabeza siempre está rebosando de ideas y sueños. Mientras hablaba con el manejador de Ludacris, Chaka Zulu, Braun esbozó sus ambiciones para el futuro inmediato.

La primera era lanzar al siguiente gran artista de *rap*. También explicó que deseaba contratar a una banda de chicas y a un niño cantante que "pudiera cantar como Michael Jackson… que interpretara canciones que los adultos pudieran apreciar y que les recordara la inocencia que una vez sintieron respecto al amor". Pudieron sonar como grandes sueños, pero Braun es una de esas personas que a menudo consiguen lo que esperan. No es un asunto de suerte tanto como de determinación, energía e imaginación.

Descubrió a su rapero blanco en unas semanas, cuando contrató a MC Asher Roth, quien de inmediato tuvo un éxito con "I Love College". El álbum de debut de Roth estuvo entre los cinco primeros Éxitos en Estados Unidos. En cuanto a la esperanza de Braun del "siguiente Michael Jackson", esa enorme ambición se cumpliría mientras navegaba en Internet una noche. Al extenderse respecto a lo que estaba buscando, Braun comentó: "Quería a alguien que fuera como Michael. Alguien que encantara no sólo a los niños, sino también a los adultos". Al tropezar con el primer video de Justin cantando, Braun pensó que había encontrado lo que necesitaba. De hecho, estaba tan emocionado que pensó que había encontrado oro.

Según narra la historia, fue por pura casualidad que Braun encontrara la presencia en Internet de Justin. "Estaba consultando un acto que Akon tenía en un contrato de producción y estaba buscando sus videos de YouTube", ha comentado Braun. Sigue explicando que fue la función de "Videos Relacionados" de YouTube lo que lo llevó a Justin.

"El chico estaba cantando 'Respect' de Aretha Franklin y había un video relacionado de Justin interpretando la misma canción. Lo puse, pensando que era el mismo niño, y me di cuenta que el joven de veinte años que estaba observando ahora tenía doce". Su reacción al observar la actuación de Justin al cantar "Respect", en el concurso del Stratford Star, fue impresionante. No sólo emocional, ¡sino también física! "Era un talento tan nuevo, que se me retorció el estómago", afirmó Braun. Siempre bromista, añadió: "Tal vez no debería decir a la gente que vi videos de Justin Bieber a mitad de la noche".

Como una nota más seria, Braun en verdad se sorprendió por la habilidad de Justin. Entre más ponía los videos de YouTube, más se elevaba su admiración.

"En verdad estaba impresionado con él, ya sabes, lo joven que era y cómo mantenía a la multitud atenta con su guitarra y, ya sabes, era un talento nuevo", comentó Braun más adelante en un programa de televisión. ¿Este chico podía llenar la ambición de su "Michael Jackson"? Braun no tenía ninguna duda. Recordó: "Dije: 'Necesito encontrar a este chico'".

Pero encontrarlo era más fácil de decir que de hacer. Incluso después de que encontró a la familia de Justin, no iba a ser un proceso sencillo convencerla de que firmaran con él. Pattie era una madre afectuosa y responsable, que deseaba que Justin destacara en la vida, pero que también deseaba protegerlo lo mejor que pudiera. Ya había rechazado algunas ofertas para manejar a su hijo… y no iba a renunciar con facilidad a protegerlo.

"Mi madre pensaba: '¿Quién es este tipo?'", recordó Justin. "Y entonces se decidió y le dijo que se alejara". Sin embargo, entre las cosas que nunca le han faltado a Braun están la ambición, determinación y encanto. Lo cual estaba bien ya que necesitaría mucho de cada uno para hacer lo que quería.

Por lo tanto, ¿cómo había hecho para ponerse en contacto con Justin Bieber, el niño de YouTube? Braun estaba preocupado con razón de que si un adulto abordaba a un niño en edad escolar se podía percibir con facilidad como algo inapropiado y siniestro. Si no manejaba correctamente la forma de abordarlo estaría en peligro de echarlo a perder desde el principio. Así que mientras se centraba en Justin, dio pasos para asegurarse de que quedara tan claro como fuera posible que sólo tenía intenciones honestas.

"Me puse en contacto con las juntas escolares de tres áreas diferentes de los *banners* de Google y les dije que estaba buscando a este chico y que por favor hicieran que su madre me llamara de un número desconocido, de manera que no sintiera que era un 'bicho raro'," recordó Braun. Sin embargo, de ninguna manera iba a ser así de simple y necesitó dejar muchos mensajes en muchos lugares diferentes antes de que tuviera la oportunidad de que le contestaran.

Pattie había esperado que Justin se convirtiera en cantante de estilo cristiano, así que se preguntó por qué se había enviado a alguien de una religión diferente a ayudarlo. "Recé: 'Dios, ¿no deseas que este chico judío sea quien ayude a Justin, o sí?'," recordó. También estaba preocupada de que este "chico con dirección de Gmail no parecía muy profesional". Es claro que Braun tenía que hacer mucha labor de convencimiento.

Aunque Justin y su madre al principio rechazaron la oferta de comunicarse con Braun, pronto se dieron cuenta que tenía enormes deseos de hablar con ellos. "Era muy, muy persistente", reveló Justin a Billboard al revisar las tácticas de Braun. "Incluso llamó a mi abuela y a la junta de mi escuela".

En esto, las tácticas de Braun son similares a las empleadas por el gigante de la televisión de *reality* Simon Cowell hace muchos años, cuando deseaba contratar a dos actores que había visto en una serie de televisión llamada *Soldier, Soldier*. Cuando las llamadas persistentes a los dos actores no los convencieron de firmar un contrato de grabación con él, Cowell empezó a ponerse en contacto con sus parientes con la esperanza de convencerlos de esa manera. Estaba seguro de que podía hacer una grabación exitosa con ellos y estaba seguro que si seguía aumentando la presión, al final entenderían su punto de vista. La gente que tiene más éxito en la industria del entretenimiento a menudo parece ser la que tiene la visión para ver una oportunidad donde otros no la ven y la persistencia para hacer que esa oportunidad se haga realidad. Ha hecho maravillas para Simon Cowell… e iba a funcionar a la perfección para Scott Braun.

Por último, Braun logró comunicarse con Pattie y hablaron por más de dos horas al teléfono. Como hemos visto, al principio Pattie le habló con toda la intención de decirle que los dejara en paz de una vez por todas: creía que iba a ser lo último que escuchara de este Scott Braun. ¡Pero nunca se debe subestimar el poder de persuasión! Con la persistencia que lo había llevado tan lejos, ahora era el momento para que Braun usara sus reservas de encanto.

Explicó su asombro por el talento y potencial de Justin. Explicó lo mucho que amaba la música y lo bien que comprendía la industria disquera. Le aseguró a Pattie que Justin tenía un brillante futuro. También la convenció de que era el indicado para guiar a Justin. Conforme avanzaba la conversación, Braun se relajó y dejó que pasara a diferentes áreas. Se dio cuenta que era importante crear una compenetración general con Pattie. Cuando le preguntaron más delante de qué fue la conversación, Braun lo expuso en forma muy simple: "Hablamos de la vida". Es claro que su forma de expresarse fue ganadora ese día y como resultado de la llamada, Pattie estuvo de acuerdo en que ella y Justin comentarían la oferta que Braun le hizo.

"Mi madre se guió por su instinto", comentó Justin, "creo que las madres en general saben cuándo seguir su instinto". Una vez que madre e hijo lo comentaron, estuvieron de acuerdo en conocer a Braun. "Y resultó que era una persona agradable", comentó Justin al *Toronto Star*.

Justin estaba al alza... en forma muy literal mientras volaba a Estados Unidos para conocer a Braun y pasar tiempo en un estudio de grabación. Fue una reunión sin compromisos, arreglado por Braun, y la idea era que Justin y Pattie tuvieran la oportunidad de conocerlo cara a cara y decidir qué deseaban hacer después. "Hizo que viajara por avión a Atlanta", comentó Justin, "llegue a conocerlo, es un gran individuo, en verdad un tipo firme. Terminamos pasando tiempo con él".

Se ha sugerido que cuando Justin y Pattie volaron a Atlanta para reunirse con Braun fue su primer vuelo en un avión. Sin embargo, es poco probable que las vacaciones en Florida se hubieran llevado a cabo en algún otro modo de transporte. Como sea, volar a Estados

Unidos para una reunión con un importante hombre de la música era con seguridad una experiencia nueva para Justin.

Estaba emocionado, pero también un poco nervioso mientras el avión despegaba de Canadá. Ambas sensaciones crecieron mientras aterrizaba de nuevo en Estados Unidos, la tierra de la oportunidad y los sueños. Él y Pattie salieron de inmediato a conocer a Braun. Fue el inicio de una gran relación.

Mientras Justin "pasaba el tiempo" con Braun, ambos de inmediato lograron un gran entendimiento. Aunque Braun tiene doce años más que Justin, comparten algunas características clave. Ambos empezaron a sobresalir en sus campos elegidos desde temprana edad; ambos son rápidos en descubrir oportunidades que están abiertas a ellos. Braun creció en una familia más privilegiada que la de Justin, pero ambos compartían el hambre de éxito que primero impulsó a Justin a cantar en las calles y luego a formar su canal de YouTube en una exitosa herramienta que la dio a conocer. Por lo tanto, congeniaron bien y pronto quedó claro que ambos deseaban trabajar juntos.

Braun quedó prendado no sólo del talento musical de Justin, sino también de su personalidad adorable y a veces pícara. Justin tiende a iluminar las habitaciones en las que entra y se gana admiradores con rapidez. Braun no sólo podía ver que esto sería un gran punto positivo para la carrera de Justin, sino que también hacía que fuera una persona divertida y gratificante con la cual trabajar.

Así comenzó todo: Justin con Usher, su mentor y amigo (izquierda); y en el lanzamiento de su álbum (abajo).

Justin se presenta en la tienda Nintendo World Store de Nueva York.

Imparable, ni siquiera la fractura en un pie evita que Justin se presente en el Jingle Ball, en diciembre de 2009 (derecha y dorso).

← Justin Bieber, rompecorazones.

El mundo de Justin:
"la fiebre Bieber"
llega al Reino Unido.

Justin en la firma de copias
de su álbum *"My World"*,
en Londres, Inglaterra.

Su chica favorita: Justin asiste a los Premios Grammy 2010 con Pattie Mallette, su mamá.

… y se codea con los grandes de la música, como Fergie, de The Black Eyed Peas.

Ayuda a Haití: tras el terremoto en Haití, Justin contribuyó con entusiasmo a la respuesta humanitaria, participando en la grabación del sencillo dedicado a Haití (derecha), y presentándose en un concierto a beneficio (abajo), en donde conoció al ex presidente de EE.UU. Bill Clinton (extrema derecha).

Justin en su concierto, cuyas entradas se agotaron, en el Hollywood Palladium (siguiente página).

Según Justin, lo que sucedió después fue una extraña coincidencia. Mientras Justin y Braun llegaban al estacionamiento del estudio, se encontraron a una cara muy famosa: ¡el cantante de *rhythm and blues* Usher!

"Él iba al estudio al mismo tiempo que yo y me acerqué corriendo a él lo más rápido que pude", contó Justin al sitio de Internet neonlight.com. No era alguien tímido o que dejara pasar una oportunidad, así que Justin se apresuró a acercarse a Usher. "Fue algo como '¡Usher, Usher! ¡Me encantan tus canciones! ¿Quieres que te cante una?'. Es tanta la gente que todos los días le piden cantar algo para él y darle sus canciones de cinta de demostración que no pude cantar para él", recordó Justin. En lugar de eso, Usher tan sólo abrió la puerta para Justin y dijo: "No, amiguito, sólo entra, hace frío afuera".

En la actualidad, a Justin le encanta provocar a Usher respecto a cómo casi dejó que se le escapara de entre los dedos. Por fortuna, menos de una semana después de que Usher rechazara la oferta de Justin de cantar para él, vio algunos de los videos de Internet de Justin y de inmediato decidió que deseaba contratarlo. Braun había traído muy servicialmente los vínculos a los videos y una muestra de la cinta de demostración que Justin había grabado en Atlanta. Esta vez Usher estaba impresionado. "¡Vaya!, debí dejar que ese chico cantara", afirmó cuando por fin presenció los talentos de Justin. Decidió hacer exactamente eso y pidió a Braun que mandara por avión a Justin, que ya había vuelto a Canadá, de vuelta a Atlanta.

"Me volví a reunir con él y canté para él", afirmó Justin. Usher estaba igual de impresionado por la actuación en persona de Justin.

"Tomando en cuenta mi experiencia, supe con exactitud qué se requeriría para que él se volviera un artista increíble", comentó.

No es sorprendente que Usher estuviera impresionado por la actuación en persona de Justin ese día... ¡Justin interpretó una de sus propias canciones! Justin decidió cantar "U Got It Bad", que fue el éxito número uno en Estados Unidos para Usher en 2001 y que se vendió bien en todo el mundo, llegando a los cinco más vendidos en Reino Unido y Australia. Ese día, Justin vestía su gorra de costumbre hacia atrás y un jersey blanco y azul con capucha. Mientras cantaba, puso por casualidad su mano izquierda en el bolsillo de su pantalón de mezclilla y usó la mano derecha para expresar sus sentimientos.

A la mitad dejó de cantar y descaradamente preguntó a Usher: "¿Vas a cantar conmigo o qué?" Fue un movimiento con mucha confianza para que lo intentara alguien tan joven y divirtió y entretuvo a Usher. Al final de la canción, Usher aplaudió y Pattie emitió un sonido de "¡Aaah!" orgulloso, que se escucha con claridad en el video que ella filmó de la actuación.

Cuando estuvo en Canadá, algunos de los amigos de la escuela de Justin no le habían creído respecto a su breve asociación con el legendario Usher. "Les dije a todos: 'Sí, conocí a Usher', y como que decían: 'Sí, ajá'." Debió ser muy frustrante para Justin. Sabiendo que Pattie estaba grabando la actuación, Usher le dijo a Justin: "Ahora te creerán tus amigos".

Pattie añadió el video al canal de YouTube y en este momento lo han visto más de seis millones de veces. Es una pequeña porción de la historia musical ya que capta el momento en que Usher decidió que tenía que contratar a Justin para su compañía disquera.

Por lo tanto, ¿cuál fue el veredicto más meditado de la actuación que Justin le presentó ese día? "Cuando lo conocí, simplemente me conquistó su personalidad", recordó después. "Y entonces, cuando cantó, me di cuenta que estaba frente alguien auténtico. Su voz sólo hablaba del tipo de música con el que quisiera asociarme... Su voz era mágica y su personalidad era muy entusiasta", afirmó el cantante.

Era entusiasta, pero Justin en realidad estaba muy relajado respecto a todo el asunto. Había llegado sin un contrato para grabar y el peor resultado sería que se marchara en la misma posición... sin un contrato para grabar. "Era como que no tenía nada qué perder", explicó en un documental de *ABC News*. "Era que si salía mal, no hubiera tenido contrato para grabar. Estaba ahí tan sólo para pasarla bien. Es como si desde el principio fuera eso todo lo que me importara, ya sabes. Si no la estás pasando bien, ¿entonces por qué hacerlo?".

Era el mismo principio que aplicó cuando participó en el concurso del Stratford Star... y cuando cantó por dinero fuera del teatro: lo primero que buscaba era tener un momento de diversión. En sus diferentes formas, ambas experiencias lo llevaron a tener un éxito mayor, así que la lección que había aprendido era que si tienes como meta disfrutar lo que estás haciendo, pueden suceder grandes cosas. Disfrutó cuando estaba cantando para Usher y encontró esa sensación de diversión. No es sorprendente que el chico conquistara a Usher.

"Cuando lo conocí, supe de inmediato que este chico estaba listo para ser una estrella", recordó Usher en el periódico canadiense *London Free Press*. Usher también dejó en claro que era el hombre correcto para guiar al chico al estrellato. "Sabía que tenía mucho para ofrecerle, basado en dónde había estado yo. Sólo quería ayudarlo a contar su historia. Cuando lo vi, me sentí como si dijera: 'Mira, éste es el bueno'. Va a ser enorme. Va a ser grande. Es todo lo que puedo decir".

Usher no tenía duda de que Justin era una estrella en formación, ni de que él era el hombre que haría que eso le sucediera. El único problema era que iba a tener que enfrentar una férrea competencia por la firma de Justin. Con un candidato joven tan de moda en sus manos, Braun no tenía más, pero estaba dispuesto a ofrecerlo sólo a una compañía ya que Pattie había estado dispuesta a aceptar la primera oferta de manejarlo que había tenido.

Para el momento en que Usher había terminado la oferta que presentaría a Justin, Braun había hablado con alguien más sobre la posibilidad de contratar a Justin. Ese "alguien más" tampoco era una persona ordinaria: ¡era el éxito de la música *pop* Justin Timberlake!

Usher recordó el momento en que se dio cuenta de que tenía un rival por la firma del chico maravilla. "Scott dijo: 'Justin está interesado en este chico'", recordó. "Dije: '¿Justin? ¿Te refieres a Justin Timberlake?'". Braun confirmó que así era y que iba a mandar por avión a Justin Bieber a California de manera que pudiera actuar para Timberlake.

A decir verdad, todo lo que Usher podía hacer en realidad era esperar que su rival no impresionara a Justin, Pattie y Braun tanto que los distrajera de sus propios encantos. Braun, que no estaba tratando de engañar a nadie al añadir a un rival a la puja, explicó su razonamiento para abordar a Timberlake. "Quería atraer otro artista para que diera el visto bueno a Justin y Timberlake acababa de contratar a Esmée Denters con Tennman Records, la compañía de Timberlake, de manera que pensé que podría comprender la situación. Fui con él y él estuvo interesado al cien por ciento".

Tener a Timberlake "interesado al cien por ciento" fue en sí un impulso enorme para la confianza de Justin Bieber, ya que si alguien comprende qué se necesita para formar y mantener una carrera exitosa de música *pop*, ese alguien es Justin Timberlake.

Nacido el 31 de enero de 1981 en Memphis, Estados Unidos, Justin Timberlake empezó su viaje a la fama a temprana edad. Cuando era niño se le conocía como un "debilucho". Al mismo tiempo, disfrutaba de los deportes y era "jugador base" en el equipo de básquetbol de la escuela. Hasta ese momento, era normal... pero su vida pronto se volvería mucho más interesante.

Cuando sólo tenía ocho años de edad tomaba lecciones de canto y continuó hasta competir en el concurso de talento de la televisión estadunidense *Star Search*. En 1993, se unió al elenco del *Club de Mickey Mouse*, un programa de variedades de la televisión de Estados Unidos. El elenco del programa tenía a otros que se volverían muy famosos en el futuro: entre sus coestrellas estaban Britney Spears y Christina Aguilera.

Cuando el *Club de Mickey Mouse* llegó a su final, Timberlake no estaba de humor para quedarse quieto. Junto con algunos amigos se unió a una nueva banda de chicos llamada N'Sync. Con el respaldo de un gran equipo de manejadores, la banda obtuvo un contrato para grabar. Los lanzaron en Alemania y se convirtieron en un gran éxito en Europa antes de subir por las listas de Estados Unidos y convertirse en un éxito mundial. Juntos por siete años, los miembros de N'Sync hicieron giras por el mundo y tuvieron éxitos en todas partes. Aunque Timberlake amaba la fama y la diversión que llegaron gracias a su lugar en la banda, fue cuando lanzó su carrera de solista en 2002 que pasó de convertirse en una famosa estrella de la música *pop* a una celebridad destacada. Su primer álbum como solista, *Justified*, salió el 5 de noviembre de 2002. Fue un éxito, pero su segunda obra de solista, *Future Sex/LoveSounds* fue el verdadero éxito pues llegó a ser multiplatino.

Ha ganado premios Grammy por su material de solista y también se convirtió en rompecorazones de chicas por todo el mundo, situándose en la cima de numerosas encuestas del "hombre más sexy". Tuvo una relación notoria con Britney Spears y en la ceremonia de los premios BRIT de 2003 tocó memorablemente el famoso trasero de la leyenda de la música *pop* Kylie Minogue durante un dueto en el que actuaron juntos. Fueron momentos como ése que lo convirtieron en uno de los hombres más conocidos y queridos del mundo, honor que ahora disfruta Justin Bieber.

Es interesante lo cerca que estuvo Timberlake de guiar a Justin a la fama. Una de las canciones de solista más famosas de Timberlake es "Cry Me a River", como la interpreta Justin Bieber. Así que cuando los dos Justin se conocieron ya tenían eso en común. Para estas alturas, Timberlake había establecido su propia compañía disquera y rápidamente se entusiasmó con contratar a Justin Bieber para ella. Antes de que los dos Justin se reunieran, Braun había contado a Timberlake todo sobre los talentos de Justin y le había mostrado videos y le había puesto las cintas de demostración. "Ya habíamos programado para una semana después luego de la reunión con Usher ir a reunirnos con Justin Timberlake, ya que Timberlake también deseaba contratarlo, de modo que casi se convirtió en una guerra de pujas entre ellos", contó Pattie en un programa de televisión. "Dos de las estrellas más grandes de música *pop* deseaban trabajar con mi pequeño Justin".

¡Cuánto había avanzado "su pequeño Justin" desde ese día predestinado en que se abrió su cuenta de YouTube y se subió su primer video! ¡Ahora tenía a dos leyendas de la música *pop* entusiasmadas por contratarlo para sus compañías disqueras! "Como que ambos me querían", lo expuso Justin. Por supuesto, estaba emocionado pero no se engañaba respecto a lo que estaba en juego. "Justin y Usher son claramente rivales en la industria", comentó. Le hizo gracia y le sorprendió estar en medio de esta rivalidad, pero se mantuvo seguro de sí mismo todo el tiempo ya que sentía que se trataba de una situación en la que no había pérdida para él.

"Era simplemente una locura tener a las dos estrellas de música *pop* más grandes luchando por mí", comentó Justin a *Billboard.*

"Justin era un gran individuo... ambos son maravillosos. Pero... lo que quiero decir es que en realidad no podía salir mal con cualquier resultado".

Disfrutó de conocer a Timberlake y también a su novia. "En realidad estaba más emocionado por conocer a Jessica Biel", comentó de la novia artista de Timberlake en ese tiempo. "Me invitaron a su casa y vimos la Locura de Marzo (un encuentro de básquetbol)". Fue un momento divertido, pero al final Justin sabía que tenía que tomar una decisión. Él, Pattie y Braun comentaron las ofertas rivales. Para Pattie era una decisión importante que debía salir bien para su "pequeño Justin" y, junto con Braun, estaba decidida a escoger el contrato correcto. Fueron con Usher.

"Resultó que el contrato con Usher era mucho mejor" informó Justin. "Tenía el respaldo de L. A. Reid y Scott tenía una gran cantidad de conexiones muy buenas en Atlanta". No se trató de que Timberlake no lo impresionara, estuvo dispuesto a añadir. "Creo que es una gran persona y espero colaborar con él en el futuro", explicó Justin.

Braun estaba encantado con su elección, ya que sentía que el hecho de que Justin firmara con un artista negro ayudaría a que el público comprendiera que a pesar de que Justin es blanco, la música en que destaca al cantar es en su mayor parte música *soul*. "Aquí se encuentra este pequeño niño blanco que canta música *soul*, desde Canadá", comentó Braun, explicando lo fácil que podría malinterpretarse el estilo de Justin. "Necesitaba a alguien que hiciera que la gente comprendiera que eso era lo que en realidad era". Ese alguien sería Usher.

Una vez que se escogió a Usher como mentor de Justin, el siguiente paso era que Usher hiciera que Justin firmara oficialmente con una compañía disquera de manera que pudiera ponerse a trabajar con material real. Tal vez sea sorprendente que éste no fuera un proceso del todo fácil, ya que Justin había encontrado cierto nivel de escepticismo por parte de algunas figuras de la industria. "Todos dijeron 'no'", comentó Braun, "dijeron: 'Es un cantante increíble y tiene un talento sorprendente, pero es demasiado joven y no tiene a Nickelodeon o Disney para respaldarlo'".

Si se considera que muchos artistas jóvenes se presentan al mercado estadunidense mediante una de estas dos rutas televisivas para niños, o si son un poco más grandes a través de la televisión de *reality*, haciendo audiciones en *American Idol*, Justin no sobresale como una excepción contra estas técnicas de mercadotecnia bien establecidas.

A pesar de todo, Braun creía en él. "Quería que fuera el siguiente Michael Jackson", comentó. "Y literalmente todos dijeron que no. Pero su talento era innegable y su éxito es una prueba de su verdadera habilidad".

Sin embargo, para algunas personas en la industria esto era una ventaja más que una desventaja. Entre ellos estaba el productor musical Antonio Reid que, como todos los demás en ese momento, quedó impresionado al instante cuando conoció a Justin. "Pensé que era un chico sorprendente, encantador con una enorme personalidad", recordó Reid, quien añadió que la falta de una plataforma de televisión nunca lo desalentó para hacer un contrato. "Nunca tuve el beneficio de una plataforma como *American Idol* o *Disney*. Tal vez sea anticuado, pero lanzamos artistas en el sentido tradicional. A menudo, aunque esos chicos pueden tener mucho talento, pensamos primero en ellos como estrellas de televisión y la música viene después. Con Justin la música es primero".

Productor con algunas conexiones muy influyentes en la industria de la música, Reid era el tipo exacto de persona de la que Justin deseaba y necesitaba su aprobación. Cofundador de una compañía disquera llamada LaFace Records, Reid también es presidente del Grupo Musical Island Def Jam. Ha participado en el lanzamiento de muchos cantantes de música *pop* muy conocidos, entre ellos Pink, Avril Lavigne y Usher mismo, al que contrató cuando sólo tenía catorce años de edad. En cuanto a Justin, firmó para la compañía en octubre de 2008.

Tenía un contrato para grabar y estaba en camino de hacerlo. Como prometió Braun, se iba a lanzar la carrera de Justin en una forma diferente. "Justin va a ser el primer artista en volverse una enorme superestrella del público principalmente basado en Internet y en nada más", afirmó.

¿Cómo se sentía Justin mientras se encontraba en el umbral de un nuevo y emocionante reto… y cómo había llegado a donde estaba? "En realidad no tenía planes para conseguir un contrato para grabar ni nada", explicó durante una entrevista con *MTV News*. "Sólo estaba… es como un poco de suerte, pero cuando sucedió de inmediato supe que era esto para lo que había nacido".

Después de que lo guiaran brillantemente su madre y Scott Braun, Justin supo que tener a Antonio Reid en su equipo era otra gran ventaja. Y con Usher como su nuevo mentor, Justin tenía a otra gran persona de su lado.

El primer consejo de Usher para Justin fue: "Mantén la humildad y permanece en el camino correcto, entonces todo será posible". Justin haría todo lo que pudiera por mantenerse fiel al consejo de Usher y ha demostrando que se pueden lograr los resultados más sorprendentes. En cuanto a Usher en sí, estaba encantado de trabajar con Justin. Había enfrentado una fuerte competencia de parte de Timberlake, pero había triunfado. Comentó que estaría en el largo recorrido de Justin, al que ve como un artista por mucho tiempo en el futuro. "Los grandes artistas maduran con el tiempo. Verlo ahora a esta edad, y pensar dónde estará cuando empiece a llevar la música real en su ciclo completo, cuando empiece a dictar el sonido del futuro… estoy ansioso por ver llegar esos días. Cuando lo vi por primera vez, pensé en eso… no pensé en lo guapo que es, lo agradable que es o cuánto estilo tenía".

Mientras se hallaba al borde de la fama, Justin tuvo su primera aparición en televisión. Tuvo lugar en un programa del canal de televisión religioso llamado *100 Huntley Street*. Lo incluyeron en un segmento del programa llamado "Círculo completo", en el que los invitados se sientan en un sofá y conversan. Pattie estaba junto a él. "Sí, en realidad Justin no sólo es saludable como pido en mis oraciones, sino que me gusta decir que en verdad es talentoso", comentó. "Ha estado subiendo videos a YouTube y en este momento es el número uno de los músicos con más suscriptores en Canadá, en YouTube, y el número veinte en el mundo".

Entonces las demás invitadas del sexo femenino hicieron gestos afirmativos respecto a la gran voz de Justin, que habían escuchado de primera mano cuando les hizo una presentación detrás de bambalinas antes del programa. "Lo están cortejando diferentes compañías disqueras", explicó Pattie. "De hecho, Justin Timberlake y Usher se pelearon por contratarlo. Acabamos de firmar con la compañía musical y nos estamos mudando, en alrededor de una semana, a Estados Unidos, de manera que es un gran paso para Justin. Tiene un largo viaje y grandes planes".

Mientras el grupo pasaba al siguiente tema, una de las personas expresó que la vida de Justin era como una "historia de Cenicienta". Es cierto que tiene algo de ese cuento de hadas… y hay tantas personas que hacen el papel del "hada madrina" que la experiencia de Justin estaba a punto de volverse más asombrosa. No sólo iba a ir al baile… muy pronto Justin sería la estrella de él.

Muchas eran las emociones que estaban en el futuro para Justin. Es posible que esté bien que nunca haya soñado con una carrera en la música *pop* ya que ni siquiera el soñador más imaginativo podría haber pensado lo que sucedería después…

5
Una vez

Cuando se puso en marcha su viaje a la fama, Justin estaba emocionado, pero también tenía algunas dudas respecto a dónde se dirigía. Todo estaba pasando muy rápido, así que es muy comprensible que estuviera ansioso respecto a lo que le esperaba en el futuro. De hecho, en alguien tan joven, sería extraño si no estuviera confundido en este periodo. "Al principio, no supe si esto era lo que deseaba", comentó con franqueza.

Sin embargo, si se considera la personalidad extrovertida que había mostrado toda su vida y la extraordinaria confianza que irradiaba cuando cantaba, no pasó mucho tiempo antes de que se diera cuenta de que en verdad eso era lo que deseaba. "En verdad amo estar bajo los reflectores" concluyó, "y ser el centro de atención". Bueno, una vez que lanzó su primer sencillo sería el centro de la atención de todo el mundo. Sin embargo, antes tenía que grabarlo.

Aunque había grabado una cinta de demostración durante sus reuniones iniciales con Scott Braun, iba a ser la primera vez que Justin trabajara en un estudio de grabación "apropiado". Imagina qué día tan emocionante debió ser para él cuando entró por primera vez a un estudio grande, lleno de instrumentos, dispositivos y otros artículos musicales interesantes: por fin estaba llegando a donde sabía que pertenecía. ¡Estaba decidido a trabajar duro y demostrar su valía!

Justin estaba en buenas manos. Trabajó con destacados productores y escritores de música como Terius "The Dream" Nash,

Tricky Stewart, Bryan-Michael Cox, Johnta Austin y Kuk Harrell. Le enseñaron mucho… y lo hicieron rápido. "Fue mi primera vez de estar en el estudio", recordó Justin con felicidad. "Creo que mi emoción siempre ha estado ahí, pero ahora sé mejor qué hacer, y se ha desarrollado mi música". Justin se divertía en ocasiones, pero siempre estaba contento de aprender y sabía cuándo terminaba el tiempo para jugar y empezaba el tiempo para trabajar.

A veces estaba ayudándolo en el estudio la figura experimentada de Usher. Sin embargo, la guía de Usher fue más allá de sólo asuntos de música. En todos los sentidos, fue un ejemplo para Justin, por el cual se sentía responsable en gran medida. "Es muy protector con Justin", explicó Braun. "Se ve a sí mismo a esa edad y no quiere que Justin cometa ninguno de los errores que él cometió. Desea que Justin triunfe. Y una de las mejores facetas de tener a Usher como parte del equipo, es que comprenderá por lo que está pasando Justin. Es invaluable tener esa salida para Justin y en realidad es una bendición".

Cuando se le preguntó cómo estaba progresando su relación con su mentor musical, Justin fue igual de entusiasta. "Es como un hermano mayor para mí", afirmó Justin respecto a Usher. "Sólo andamos juntos y en realidad no hablamos mucho de música. Salimos a andar en *go-kart*, a salas de juegos y al cine". Fue como si Usher estuviera tomando el puesto que antes había tenido Chad Ritter, quien había conducido a Stratford para entretener a Justin cuando era mucho más pequeño. Usher también dio a Justin consejos importantes conforme se desarrollaba su carrera y se elevaba su fama. Sin la atención y ayuda de alguien que hubiera experimentado por sí mismo lo que era volverse famoso de repente, a una edad muy temprana, hubiera sido mucho más difícil para Justin enfrentar el proceso.

Uno de los grandes cambios que Justin tuvo que hacer fue el de su casa. Rápidamente quedó claro que necesitaría vivir en Estados Unidos, ya que era ahí donde estaba haciendo la mayor parte de su trabajo. Por lo tanto, él y Pattie empacaron sus cosas y las llevaron a Atlanta. A Justin le resultó bastante fácil establecerse, pero notó diferencias entre su nuevo hogar y la ciudad que había dejado atrás en Canadá. "En mi ciudad, había sólo 30 000 personas, pero en Atlanta hay millones", comentó a *MTV News*, "no conozco a nadie en Atlanta, mientras que todos se conocen en mi ciudad de Canadá".

En este nuevo ambiente aprendió con rapidez y creció como cantante, así como también, en el sentido exacto de la palabra, crecía como ser humano. Estaba pasando por los cambios normales que enfrentan los chicos en sus años de adolescencia, aunque además tenía que manejar el hecho de que el público era cada vez más consciente de él. Cierto, la fama que tenía en esta etapa era relativamente menor en comparación con el superestrellato del que goza en la actualidad. Pero en ese entonces ya era enorme y bastante real para ponerlo a prueba.

Después de trabajar una gran cantidad de material en el estudio, la canción elegida como su primer sencillo, el disco que lanzaría "oficialmente" su carrera, fue escrito por la experimentada pareja escritora de canciones Tricky Stewart y Terius "The Dream" Nash. Ambos han estado escribiendo juntos por años, en particular al producir canciones en los géneros de *hip-hop* y *rhythm and blues*. Participaron en escribir la canción "Umbrella", que fue un éxito para la cantante de *soul* Rihanna. La canción ha ganado un premio Grammy y llegó al número uno en muchos países como Reino Unido, Estados Unidos y Francia. También escribieron "Single Ladies (Put a Ring on It)" de Beyoncé, que fue otro éxito en todo el mundo y la revista *Rolling Stone* la escogió como uno de sus sencillos favoritos de 2008. Stewart también ayudó a escribir éxitos para Britney Spears, Mariah Carey y Jesse McCartney. Así que escribir el primer sencillo de Justin estaba en muy buenas manos.

La canción que escribieron y escogieron para él era "One Time" ("Una vez") y todo el equipo estuvo de acuerdo en que era la mejor canción que se podía elegir para el lanzamiento de Justin. Empieza con un redoble y cántico que es similar al empleado por Rihanna para "Umbrella" y que se ha utilizado también para canciones de *hip-hop*. Sin embargo, en lugar de que entre la voz ronca de un rapero, los oyentes escuchaban la voz dulce y aguda de Justin cantando: "Yo, más tú" tres veces en un cántico estricto. Luego continúa cantando la letra que declara su amor por la chica en la parte central de la canción. La canción es sobre lo importante es que la chica en su vida. Ella es su único amor por el resto de su vida. Por supuesto, esto tocó una fibra en sus admiradoras, ¡muchas de las cuales soñaban con ser una chica así! La letra intensa continuaba describiéndolo a él y a la chica como una asociación inquebrantable, en la que comparten todo, su mundo su lucha, su aliento.

Estos tipos de sentimientos eran los que Justin disfrutaba poner en una canción. "Me fascina cantar sobre el amor", explicó a la revista *Twist*. "Es lo que a muchas chicas les gusta escuchar y es lo que me gusta escribir". De cantante a admirador... fue el inicio de una gran relación.

Sin embargo, su concentración en este tema planteaba dudas en la mente de algunos observadores. Desde el principio de su carrera, a veces le han preguntado a Justin cuánto comprende en realidad un chico de su edad sobre el amor. Para ser justos, es probable que la gente que le pregunta sobre esto en la actualidad haya sabido más sobre el amor cuando tenía la edad de Justin de lo que recuerda ahora. En cualquier caso, Justin dejó en claro que en ocasiones cuando la gente más joven piensa que tienen el amor "verdadero", es un tipo diferente de amor el que experimentan. "'One Time' es básicamente sobre estar en una relación adolescente típica, de manera que es una canción con la que cualquiera se puede identificar", le contó al sitio de Internet Digital Spy. "¿Sabes?, cuando eras más joven pensabas que era amor, pero más adelante te das cuenta que sólo era amor de adolescente. De eso trata la canción". Esto mostró gran madurez y conciencia por parte de Justin... y sugería que él estaba más que listo para cantar sobre estos temas.

Cuando Justin estaba grabando la canción, Usher hizo un video corto que se añadió al canal en marcha de YouTube de Justin. El video empieza con Justin en la cabina de grabación, cantando el coro de la canción en el micrófono. Usher detiene la pista de apoyo con la que está cantando Justin y entra de golpe a la cabina. Le dice a la cámara: "Voy a detenerte así porque es sólo una broma. Damas y caballeros, les presento al artista de grabaciones de Island Def

Jam, Justin Bieber, se está preparando para grabar. La interrupción es sólo para que sepan que estamos en el estudio en este momento trabajando en esto. Prepárense, ya que va a ser algo grande. ¿No es cierto, Justin?". "Es cierto", contesta Justin con voz un poco ronca. Luego Usher termina el video corto diciendo: "Así que manténgase atentos... ¡vamos a venir pronto!".

El sencillo en verdad estaba por venir... ¡y todos en el equipo de Justin estaban muy satisfechos porque habían hecho un gran trabajo en su realización!

La elección de la canción era una decisión fundamental. El primer sencillo en presentarse de cualquier álbum es importantísimo ya que es la mejor forma de crear interés en el propio álbum. Si además se añade el hecho de que era la primera presentación de Justin en CD, era primordial que todo fuera perfecto. El equipo de producción hizo un gran trabajo al mezclar la canción. Todos aquellos en los que la pusieron a prueba quedaron impresionados; como explicó el manejador de Justin, "La gente no lo escucha y dice: '¡Ah!, es el disco de un niño'", comentó Braun. "Es un chico joven que canta con mucha más alma de lo que debería".

En cuanto a Justin, sus palabras finales sobre el sencillo fueron: "Es sólo un disco de música *pop* divertida, y es una canción que agrada definitivamente a las chicas".

Se le entregó la canción a las estaciones de radio estadunidenses en mayo de 2009, lista para julio, la fecha oficial en que se sacaría a la venta el álbum al público. Todo lo que Justin y su equipo podían hacer ahora era aguardar con sus dedos de las manos cruzados, ¡y tal vez también de los pies!, esperando que el sencillo se convirtiera en todo un éxito. Difícilmente podían imaginarse lo que las críticas pensarían de la canción y, lo más importante, lo bien que se vendería.

JB

Mientras esperaban que el álbum saliera a la venta, Justin y su equipo añadieron otro video a su canal de YouTube. Presentaba a Justin sentado en un auto con el actor, comediante y rapero Nick Cannon. "¿Qué pasa, amigos?", comentaba Cannon al empezar la grabación. "Estoy aquí con el futuro en este momento", añadió, refiriéndose a Justin. El futuro de todo, el futuro del entretenimiento... ¡JB, también conocido como Justin Bieber! Luego explica que están conduciendo en Hollywood y que más temprano tuvieron que enfrentar a algunos fotógrafos *paparazzi*. Después el video muestra a Cannon presentando a Justin a una banda de fotógrafos, cuyas cámaras pronto destellan sin detenerse... para Justin este ataque fue una experiencia totalmente nueva. Pronto se acostumbraría más a ellos.

"No se trata de mí", dice Cannon al grupo de prensa, "Es sobre él... ¡pregúntenle a Usher!".

El video vuelve entonces a la calma del auto en donde Cannon explica a la cámara que él y Justin acaban de comer *sushi*. "Pero Justin no comió demasiado, es como yo... no comemos demasiado *sushi*. Probamos los *California Rolls*". Luego Justin explica a la cámara que está en Los Ángeles para grabar el video para su primer sencillo. Refiriéndose también al sencillo, Cannon dice: "¡Qué está encendido! ¡Esa unión es loca! ¡Ya lo estoy poniendo en el club!".

Poco después de este video, Justin agregó otro más a su canal de YouTube, de manera que pudiera mandar un mensaje adicional a sus admiradores mientras continuaba la cuenta regresiva para la venta de su primer sencillo. "Qué hay, amigos, soy Justin Bieber", dijo, "sólo quería agradecerles por todo su apoyo, han sido sorprendentes. No estaría en esta posición sin ustedes".

Explicó que había estado viajando por todas partes para hacerle "publicidad" a su sencillo y que había abierto una cuenta en el sitio de la red social Facebook, además de sus cuentas en Twitter y MySpace, y, por supuesto, su canal de YouTube, "Así que échenle un vistazo y muchas gracias por su apoyo", dijo, terminando el video.

La presentación del sencillo estaba a la vuelta de la esquina. Mientras contaba los días para esa presentación, Justin soñaba con cuál podría ser la reacción que recibiría...

En la presentación, los medios de comunicación fueron muy positivos en su veredicto. Después de todo, era una canción en verdad brillante... ¿y quién podía dejar de quedar encantado con la historia del chico de Canadá al que habían descubierto mediante YouTube? En *Billboard*, Michael Menachem escribió que "One Time' da a la capacidad vocal de Bieber mucho espacio para brillar, en especial cuando el joven cantante llega al coro, conectándose abiertamente con sus admiradores".

VNU Entertainment News Wire afirmó que el sencillo era "una canción *pop* distintiva que también explota la actual estética *hip-hop* adolescente". Predecía que Justin, "ya un éxito en Internet, con toda seguridad sólo crecerá desde este punto, mientras que quienes lo escuchan por primera vez se apresuran a descubrir al niño detrás de su voz". Esa reseña, y la publicada en el *Toronto Star*, comparaban a Justin con el cantante Chris Brown a la misma edad.

La prensa canadiense describió "One Time" como un "sencillo de *pop* con inflexiones de *hip-hop*". Bill Lamb, escribiendo en el sitio de Internet About.com, lo llamó "una patada de salida perfecta para la carrera de Justin Bieber", mientras que en *Entertainment Weekly* Leah Greenblatt llegó a la conclusión de que en la canción Justin "se gana su autenticidad de *pop* y *soul* con esta crónica estimulante de amor joven adecuada para esta era". En cuanto al sitio de Internet de la BBC, también estaba impresionado: "Su ritmo palpitante y su mensaje azucarado... son ingredientes perfectos para atraer al público general".

El sencillo fue un éxito en las listas de éxitos, pero Justin tuvo que esperar un poco antes de que pudiera celebrar ya que no fue un éxito instantáneo. Empezó en el lugar 95 de las 100 mejores canciones de *Billboard* y llegó a las 25 mejores canciones de esa lista. En la tierra natal de Justin, Canadá, funcionó mejor en las listas de éxito, llegando al número 12. También se vendió bien en Europa, incluyendo el Reino Unido, Francia, Austria y Alemania. Mientras tanto, en Nueva Zelanda, "One Time" llegó al número 6. Terminó en el número 89 en las 100 mejores canciones de *Billboard* de 2009 y en el 81 en la lista equivalente en Canadá.

Justin estaba emocionado por su rápido éxito y nunca lo estuvo más que cuando se enteró que "One Time" había llegado a platino en Canadá... lo que significaba que había vendido al menos 10 000 discos sólo en ese país. Siempre recordará el día en que recibió la noticia de este emocionante honor. Justin estaba pasando un día de diversión en el Wonderland de Canadá, un popular parque de diversiones en Toronto. Temprano al anochecer del domingo 27 de septiembre de 2009, recibió una llamada telefónica en la que le avisaban de la posición de platino de su sencillo de lanzamiento. No podía esperar para compartir la noticia con su creciente grupo de admiradores de Twitter. "Esta noche fue increíble", escribió, "¡me sorprendieron con mi primer placa de platino canadiense para 'One Time'! Nunca olvidaré esta noche".

Parte de lo que ayudó a que la canción llegara a tener éxito fue el brillante video de promoción que acompañó a su presentación. De nuevo, era de enorme importancia que saliera bien ya que como el video que lanzó a Justin al mundo, era la primera oportunidad real de mostrar el tipo de cantante y persona que era Justin. Era el video que daría forma a su imagen, lo cual es de suma importancia en el mundo del entretenimiento del siglo veintiuno. Los videos sin refinar y hechos en casa de YouTube habían funcionado bien para él, pero ahora era el momento de mostrarlo a un público más amplio, con una presentación más profesional. Todos sabemos que cuentan las primeras impresiones, así que tenían que hacer que la suya fuera la correcta.

Por suerte, Justin no es el tipo de persona que siente presión cuando trabaja. Como siempre, ¡estaba demasiado ocupado disfrutándolo! "Fue en verdad increíble pasar de la cámara de Internet al video profesional", comentó. Como hemos visto, mientras filmaba el video se divirtió reuniéndose con Nick Cannon y probando un poco de *sushi*. Pero además de la diversión tenía mucho trabajo por hacer.

Contrataron a Vashtie Kola para que fuera la directora del video. Había empezado su carrera como directora de videos antes de que L. A. Reid la contratara para ser directora de Servicios Creativos en Island Def Jam. El papel de Kola en la compañía disquera era muy amplio e incluía ser "quien mantenía a la moda el edificio, alguien en sintonía con lo que estaba de moda en el centro y la corriente principal de la música *pop*". En verdad es una persona a la moda y con mucho estilo, tanto que la revista *Vibe* una vez la nombró una de sus "31 personas con más estilo de menos de 31", que presentaba algunos nombres muy estimados a su lado… ¡como Kayne West y Justin Timberlake! Estaba emocionada por hacer realidad el trabajo de dirigir el video para el sencillo de debut de Justin. "Es supertalentoso y más conocedor de las calles que cualquiera de los niños estrellas", comentó mientras volaba a Los Ángeles para la filmación.

Justin la adoraba y el sentimiento era mutuo. Conversaron sobre patinetas y Justin mencionó que era un gran admirador de Terry Kennedy. A veces conocido como Compton Ass Terry o TK, Kennedy es un popular patinador de patineta profesional. Cuando Kola se dio cuenta que Justin era su admirador, le dijo: “Lo llamé a su casa y le pedí un sólido”, lo que significaba que lo había invitado a visitar a Justin. “Estaba muy feliz de llegar, Terry es una persona de lo más dulce… en serio”, recordó ella. En verdad “llegó”, con una gran cadena alrededor del cuello que tenía pegado un TK. Mostró al emocionado Justin algunos nuevos trucos de patineta. “Terry le dio algunos consejos de patinaje en trucos que Justin estaba tratando de dominar y poco después Justin los estaba haciendo”, escribió Kola en su sitio de Internet.

El video se tomó en la enorme casa de Usher. Para Justin, fue una oportunidad inmediata de ver el tipo de estilo de vida extravagante que puede seguir al éxito en la música *pop*. Mientras examinaba la casa de Usher quedó impresionado y no poco emocionado.

El video empieza con Justin y su amigo Ryan sentados en el sofá de Usher y jugando con un programa de computadora. Justin le había ganado un juego a su amigo y sonríe mientras dice: “Eso no fue suerte, ¡fue destreza!”. Cuando continúan jugando, suena el teléfono de Justin, ¡y vemos en la pantalla del teléfono que es Usher quien está en la línea! Entonces vemos a Usher sentado en un lugar diferente: “JB, ¿qué hay de nuevo, amigo?”, pregunta. “Sólo estoy jugando videojuegos con Ryan”, explica Justin. Entonces Usher pregunta si Justin puede cuidar la casa hasta que él llegue. “Sí, puedo hacer eso”, contesta Justin, “muy bien, amigo”, afirmó Usher.

Al terminar la llamada telefónica, Justin se vuelve hacia Ryan con una sonrisa traviesa. ¡Nadie muestra picardía tan bien como Justin! Pronto el dúo estaba enviando textos a sus amigos, invitándolos a una fiesta en casa de Usher. Por supuesto, existe una gran cantidad de interesados y poco después la casa y el jardín están llenos de chicos que bailan y festejan felices. Sin embargo, para Justin sólo hay una chica que le interesa en la fiesta; de acuerdo con la letra de la canción que canta, se trata de la "única chica" en su imaginación. Pasa la fiesta con ella; conversan y se abrazan en la cocina, y también se les ve sentados en una banca junto a la piscina. Él le está prestando toda su atención y la hace sentir especial. Pudieron estar actuando, pero la actriz de ese video pronto sería la envidia de las chicas en todo el planeta. En particular por la escena en que Justin le da un beso en la mejilla.

El video termina con un momento de comedia descarada. Cuando Justin camina hacia la casa desde el jardín, se dirige directamente hacia Usher, que volvió a la casa que le pidió a Justin que cuidara. Usher mira a su alrededor la movida escena de la fiesta, mientras Justin da la vuelta hacia la cámara con una sonrisa cínica antes de alejarse corriendo.

Durante todas las escenas de fiesta del video, se agregan tomas de Justin cantando solo, mirando hacia la cámara con regularidad. Son escenas tomadas en forma profesional, pero para los admiradores que han seguido a Justin desde antes de que fuera oficialmente famoso, son conocidas. Mientras canta hacia la cámara, hace un gran uso de sus manos para expresar sus emociones y señalar, como lo hacía en muchos de sus videos hechos en casa de YouTube. Tomando todo eso en cuenta, el video para "One Time" es muy entretenido y fue perfecto para lanzar a Justin como gran cantante, además de como persona guapa y atrevida.

Siempre como amante de las diversiones y como artista, Justin disfrutó muchísimo de trabajar en su primer video promocional.

"Fue en verdad demente, ¡pero fue una experiencia sorprendente!", comentó en neonlimelight.com. Al preguntarle cómo se sintió de tener a Usher en el escenario con él, contestó: "Bueno, quiero decir para ser honesto que mucha gente me ha estado preguntando cosas como: 'debe ser sorprendente pasar tiempo con Usher', pero él es una persona normal como tú y yo, así que es como pasar el tiempo con cualquier otro amigo. Es muy buena onda. Es genial tener a una de mis inspiraciones en el escenario".

También estaba encantado de poder incluir a su mejor amigo para que actuara en una parte en el video. "Sí, Ryan es mi mejor amigo", comentó a la revista *Tiger Beat*. "Hemos sido amigos desde que éramos pequeños. Jugamos juntos al *hockey* y fuimos juntos a la escuela". Otra de las alegrías del video para Justin fue que se le permitió participar en la elección el reparto femenino ¡incluyendo la chica que tuvo el papel principal junto a él en las partes finales del video! "Sí, me dejaron escoger", confirmó lleno de alegría. "Me gusta una chica con sonrisa y ojos hermosos".

Cuando el primer video estuvo al aire el 12 de junio de 2009, a muchas chicas les gustó, sin embargo estuvieron todavía más emocionadas el siguiente mes, cuando Justin lanzó un concurso mediante su canal de YouTube. No es sorprendente que estuvieran emocionadas... ¡la ganadora conocería a Justin! En el video que anunciaba el concurso, Justin estaba sentado en la parte trasera de un auto.

Explicó que estaba "relajándome, como si manejara por la autopista". Luego explicó cómo funcionaría el concurso. "Éste es el video oficial del concurso", comentó. "Voy a hacer este concurso para ver quién puede hacer el video más creativo para promocionar mi sencillo 'One Time'. El ganador podrá viajar en avión a conocerme, con un amigo. Sólo compartiremos tiempo juntos y la pasaremos bien. Tienen todo julio para hacerlo, así que lo hacen en grande o se van a casa. Se despide Justin Bieber".

Fue un día feliz para los ganadores del concurso cuando supieron que habían tenido suerte. Los ganadores fueron dos admiradoras llamadas Lyndsay y Ali.

El canal de YouTube de Justin estaba demostrando que era una herramienta muy útil para promover su carrera. Cuando su video se puso por primera vez en la tienda de iTunes, lo anunció mediante su canal. El 23 de junio subió un video en el que decía: "Qué hay amigos, soy Justin Bieber. Mi video de música está oficialmente en iTunes, así que asegúrense de ir a comprarlo". Como Braun explicó, estaba alentando a Justin a emplear más YouTube de manera que pudiera mostrar a sus admiradores que tenían una conexión especial con él. "Primero quería hacerlo crecer más en YouTube. Suministramos más contenido. Dije: 'Justin, canta como si no hubiera nadie en la habitación. Pero no vamos a usar cámaras costosas'. Se lo daremos a los chicos, dejaremos que hagan el trabajo, de manera que sientan que es suyo".

Esta conexión entre Justin y sus admiradores se volvió a ver en otro concurso en Internet, organizado en septiembre de 2009. Justin lo anunció en MySpace. "¿Qué tienes que hacer? Es simple: Sube un video tuyo explicando o mostrando por qué eres mi MAYOR admirador a Your.Mtv.Com". El ganador recibiría una mención de Justin cuando estuviera en los Premios Musicales MTV.

"Poder hacer que todos participen me hace sentir bien", comentó Justin repecto a acercarse de nuevo a sus admiradores, en una conversación con *MTV News*. "Es formidable ponerlos a hacer videos para mí. Quiero decir que sin mis admiradores no estaría aquí, así que es claro que estoy agradecido con ellos. Ustedes, amigos, continúen presentando videos. Son formidables, sólo sigan enviándolos".

Esta vez la ganadora fue una admiradora llamada Tricia Matibag, de Ottawa. "Estaba muy feliz", dijo a *MTV News*. "Llamé a mi mejor amiga porque ella es, igual, una admiradora. ¡Estaba en mi casa y yo estaba gritando muy fuerte! ¡Amo a Justin y me hizo feliz durante todo el año!". Al preguntarle por qué amaba a Justin tanto, Tricia comentó: "Amo que es sólo un chico normal que vino de Canadá, como yo, y que su sueño se hizo realidad. También es en verdad guapo y un cantante sorprendente". ¡No es de extrañarse que estuviera tan emocionada por ganar!

Poco después de la presentación de "One Time", Justin tuvo la suerte de vivir una experiencia tan significativa que sólo una estrella de música *pop* como Justin puede esperar tener en la vida: ¡escuchar por primera vez su música en la radio! "Estaba en el auto", informó a *Total Access* de Disney. "Estaba cambiando la estación y me quedé como: '¿Qué?' y volví atrás. Estaba con mi madre y nos quedamos paralizados. Pensé: '¡Esto es muy extraño!'. ¡Lo escuchamos por unos segundos y luego le cambiamos!". Fue un momento emocionante para Justin, pero tal vez incluso entonces se dio cuenta de que era algo a lo que pronto se tendría que acostumbrar.

UNA VEZ

Mientras tanto, en el futuro había un álbum para presentar, pero incluso antes de que saliera, Justin ya estaba sorprendiendo a la industria de la música y estableciendo un nuevo récord cuando se convirtió en el primer artista solista en tener cuatro canciones de un álbum de lanzamiento apareciendo dentro las cien canciones más candentes del *Billboard* antes de que el álbum siquiera saliera a la venta.

Haber establecido un nuevo récord en la industria de la música a tan corta edad y tan pronto en su carrera musical, mostró de nuevo el brillante futuro que le espera a Justin. Muchos cantantes de música *pop* tienen carreras que duran años, incluso décadas, sin romper un récord significativo. Y aquí estaba Justin haciéndolo mientras todavía era un chico adolescente.

La primera de estas cuatro canciones predestinadas a sobresalir era, por supuesto, "One Time". Le siguió el 6 de octubre "One Less Lonely Girl", una canción dulce y de ritmo medio que empieza con Justin diciendo: "Muy bien, vamos". Luego canta sobre las penas, la soledad y las desilusiones que el personaje femenino de la canción ha experimentado y las promesas de que él hará que todas terminen. Le asegura que la pondrá en primer lugar y le muestra lo mucho que vale. Canta que si sólo le permite entrar a su mundo, entonces se asegurará de que nunca vuelva a estar sola de nuevo. El adorno final de la canción está en la última parte cuando Justin dice: "Sólo tú chiquita" y suelta una risilla.

Es una gran canción, que muchos admiradores todavía consideran la mejor de Justin hasta la fecha. Fue coescrita por el mentor y amigo de Justin, Usher, junto con otros escritores de canciones, entre los que estaba Ezekiel Lewis. Un clásico del *pop* y pegajoso, era amado por igual por admiradores y críticos. Crystal Bell de *Billboard* quedó muy impresionada. "En forma similar a como hizo en su sencillo de debut, 'One Time', Bieber presenta pruebas convincentes de por qué es el siguiente rompecorazones de música *pop* y *rhythm and blues*", escribió. " 'Voy a ponerte en primer lugar, te mostraré lo que vales/Si me dejas entrar a tu mundo', canta. Es difícil resistirse a las palabras comunes, en especial cuando se establece un acuerdo que sigue el género exitoso de ritmo medio de las baladas 'With You' e 'Irreplaceable'. Aunque la letra es común, la interpretación tersa de Bieber es la apropiada y su canto tierno se mezcla bien con el ritmo que fluye con facilidad de la canción". ¡En verdad es así!

A Justin también le encanta la canción y el mensaje que da a las admiradoras. "Creo que en verdad es importante que esas chicas tengan algo, de manera que puedan ser una chica solitaria menos", afirmó a *MTV News*.

El video promocional es muy entretenido. Presenta a Justin perdidamente enamorado de una chica a la que ve como lavandera. Mientras está sentado ahí con su guitarra acústica, se fija en una chica que está lavando… ¡y le gusta lo que ve! Él y la chica comparten algunas sonrisas tímidas y descaradas y entonces ella se marcha. Pero al hacerlo, por accidente deja atrás su bufanda roja. Justin la recoge, piensa algo con rapidez y se sonríe en grande. No

Justin es un éxito en todo el mundo, como: Paris (izquierda), Sidney (derecha) y Nueva York (abajo).

Con mucho trabajo: Justin en Londres.

Justin en el *Late Show with David Letterman.*

Justin en su natal Canadá, en los premios Juno.

Caminado por la alfombra roja en la Cena de la Asociación de Corresponsales de la Casa Blanca en Washington.

Sin embargo, no todo es trabajo y nada de diversión. Justin se relaja en la Montaña Mágica de Six Flags en California y jugando boliche en Nueva York.

Justin en la playa de Sidney.

En un salto en *bungee* en Nueva Zelanda.

Talento sin refinar: Justin enloquece a la multitud en el Concierto Wango Tango en los Ángeles.

Dale fuerte: actuando en Miami Beach.

Superestrella: cantando en el Gran Fin de Semana de la BBC Radio 1, en Bangor, Gales.

En los premios de Video MuchMusic, en Toronto.

→

es sorprendente que esté feliz... ¡ha encontrado una forma para acercarse a la chica de sus sueños!

El resto del video presenta su intento de ganar su cariño. Deja flechas en la calle, que le señalan a ella dónde está él y también deja fotografías de él, de manera que ella pueda ver que fue él quien dejó las flechas. Cuando ella vuelve a la lavandería, lo busca pero, él no está ahí. Se desilusiona al principio, pero entonces encuentra la primera nota que dejó Justin. "Tengo tu bufanda", la nota le dice, "si deseas recuperarla, ¡encuéntrame!". Mientras sigue la pista de notas de Justin, se da cuenta de que contienen promesas románticas. Ahora está mucho más interesada y continúa siguiendo la pista.

Conforme avanza el video, su siguiente parada es fuera de la tienda de mascotas. Ahí, Justin había hecho que lo fotografiaran rodeado por bonitos cachorros. ¡Seguro que sabe cómo llegar al corazón de una chica! La nota que ha dejado ahí añade las fotografías y junto a ellas una promesa escrita de llenarla de besos. No es sorprendente que ella continúe siguiendo las flechas. Entonces la conducen a un puesto de flores donde la siguiente nota de Justin promete que le dará flores, ¡y otra que dice que "hará que cada momento sea mágico"! Por último, encuentra a Justin de vuelta en la lavandería. Viste una camisa blanca de mangas cortas y camiseta azul, y le entrega su bufanda roja. Por supuesto, éste no es el fin de la historia y los dos pronto se abrazan y bailan mientras el video llega al final. Dulce, entretenido y romántico, el video fue perfecto y le hizo justicia a los temas de la canción.

Como Justin reveló en *MTV News*, había trabajado con una persona experimentada para hacer el video. "En realidad filmé el video con Roman White, quien dirigió 'You Belong With Me' de Taylor Swift", comentó. "Así que va a ser muy divertido". Taylor Swift es una cantante estadunidense que interpreta canciones de estilo *country* y *pop*. Su carrera coincidiría con Justin de nuevo en el futuro.

En cuanto a White, tenía un gran historial en hacer videos, y había producido muchos para la ganadora de *American Idol*, Carrie Underwood. Él estaba decidido a hacer que toda la experiencia fuera divertida para Justin. Aunque los videos de música *pop* son sólo de alrededor de cuatro minutos de duración, pueden requerir muchos días o incluso semanas para hacerse. Aunque Justin estaba encantado con tener una carrera en la música *pop* y estaba muy dispuesto a trabajar duro, todos en el equipo se daban cuenta que era un chico joven y que necesitaría que se le entretuviera durante todo el proceso.

No necesitaban preocuparse. Mientras Justin trabajaba en el video, su sentido de diversión estaba de nuevo empezando a salir a la superficie. Vestido con un jersey verde con capucha y playera rosa, se veía fantástico mientras se tomaban las escenas al aire libre. Algunas de las paredes se habían pintado con el mismo tono de rosa que su playera, lo que le daba a la película una gran calidad de color. Mientras cantaba el "uno" en el coro, llevó a cabo su detalle característico de levantar un dedo.

El video se filmó en Watertown, Tennessee, un pueblo pequeño y amistoso y como escenario dio al video una agradable sensación colorida e inocente. Un chico de una ciudad pequeña, Justin estaba encantado cuando llegó a la ciudad. Al mirar a su alrededor, bromeó: "Ésta es como la ciudad más grande en la que he estado, ¡en serio!". En un tono más serio añadió: "No, en realidad es pequeña y pintoresca, bonita y padre. Creo que es posible que todos conozcan a los demás". Estaba disfrutando la experiencia y le dijo al equipo de rodaje que estaban grabando un video "entre bastidores", y añadió: "En verdad estoy emocionado".

Cuando tomaron la escena en la tienda de mascotas, a Justin le encantó acurrucarse con los hermosos cachorros, quienes también se emocionaron algo... más bien demasiado, en cierto sentido. Uno de los hermosos cachorros se orinó sobre Justin. "Tuvimos un problema de pipí en un punto", confirmó Roman White con una sonrisa. Sólo fue una pequeña cantidad y el problema se limpió pronto para que la filmación pudiera continuar. Justin todavía adoraba a los cachorros... ¡es un chico comprensivo!

En otra conversación entre bambalinas, Justin explicó lo que significaba para él el collar de "placa de identificación de perro" que usaba. Este collar se ha convertido, desde entonces, en algo casi característico en la imagen de Justin así como su famoso corte de pelo. "De hecho, me lo dio un admirador", comentó, "me dijo que era de un amigo de él que estaba en la guerra y que murió. Así que lo uso porque es algo más bien padre y es un tipo de conmemoración". Ha dicho que lo usa "por los admiradores".

De vuelta en el escenario, en algunas bromas entre tomas, el director White provocó a Justin respecto a la actuación especial en el video que hizo su madre Pattie. "Por alguna razón, Justin debe tener a su madre en cada uno de sus videos", afirmó White. "¡Porque ama a su madre y es buena onda amar a tu madre!". Justin estuvo de acuerdo con la mitad de lo que había dicho White. "Es buena onda amar a tu madre", confirmó, "pero no necesito tenerla en cada uno de mis videos". Después de muchas horas de trabajo, la filmación del video por fin llegó a su fin. En ese momento, Justin se sintió muy contento. Lanzó su guitarra al aire y gritó: "¡Terminado!".

El video fue un placer para las admiradoras de Justin. Muchas de ellas habían soñado que su héroe las cortejaba así que fue divertido ver que estuviera actuando en la pantalla. ¡Podían soñar que un día estarían en los zapatos de la artista! El *blog* "Buzzworthy" de MTV era impresionante. Al notar la ubicación de la ciudad pequeña para el video ellos pensaron que estaba bien escogida. "¿Y por qué no? ¿No es este chico la rebanada de pay de manzana que se enfría en el borde de la ventana del sueño adolescente estadunidense?". Después de notar lo bien cuidada que estaba la lavandería, el *blog* concluyó: "Hay un poco de acción de algo perdido y encontrado con una bufanda que al final conduce a un poco de amor juvenil. Da calidez al corazón".

Al sitio de Internet AOL también le gustó y la escritora Stacey Hinojosa dejó en claro que pensaba que lo más destacado del video fue: "y entonces, como si el video no pudiera ser más bonito, sacan a los cachorros".

Justin se mantuvo fiel a sus raíces de Internet cuando escogió estrenar el video en un sitio de *blogger* de celebridades de Internet. "Él es el fenómeno adolescente de moda en el planeta en este momento", escribió el *blogger* Perez Hilton mientras develaba el video en su sitio de Internet. Entonces se puso a la venta en iTunes y se exhibió en YouTube, además del sitio oficial de Internet de Justin.

El tercer sencillo en formar el cuarteto de éxitos que precedió a la presentación del álbum se llamaba "Love Me". Fue una presentación digital, disponible sólo para compra mediante descarga, en lugar de un CD físico. Es una pista animada que aprovecha el coro de otra melodía de música *pop* muy conocida.

En 1996, una banda llamada The Cardigans presentó una canción pegajosa llamada "Lovefool". Se convirtió en una grabación exitosa y se empleó en la banda sonora de una película popular, *Romeo + Julieta*. Cuando los admiradores de Justin escucharon "Love Me", ¡algunos de sus parientes de más edad prestaron atención y se preguntaron si habían escuchado la canción antes!

Es seguro que *Entertainment Weekly* diera el visto bueno al muestreo de la canción de The Cardigans, diciendo con aprobación cómo "improvisa respecto a 'Lovefool' de los Cardigans sobre una pista de *electro glam*". MTV lo describió como "una pista de club que está llena de efervescentes improvisaciones de sintetizador y su canto suave que es su característica distintiva actual". La BBC hizo una observación similar, describiendo la canción como "la reinterpretación electro-infundida de 'Lovefool' de The Cardigans, donde Bieber exhibe el tipo correcto de actitud, pícara y entrañable".

La elección del tercer sencillo causó una rara impresión en Justin. Originalmente había pensado que la canción sería una versión acústica de "One Time" y lo anunció en su fuente RSS de Twitter. Sin embargo, después del cambio de plan anunció: "NUEVA CANCIÓN – NUNCA ANTES OÍDA – EN ITUNES EL PRÓXIMO MARTES - ¿¿CÓMO SE LLAMA?? 'LOVE ME' ¿¿¿emocionados??? den a conocer la noticia". También lo tomó desprevenido la fecha de presentación del 26 de octubre, un día antes de lo que esperaba. "Es cierto", escribió en Twitter. "LOVE ME sale un día antes en ITUNES. También estoy sorprendido. Acabo de enterarme. Por favor ayuden, todavía enfermo, gracias por todos los buenos deseos".

Aunque sólo se puso a la venta para descarga digital, "Love Me" se vendió bien. Llegó al número 12 en las listas de éxitos canadienses y al número 37 en la lista estadunidense, también apareciendo en las listas en Inglaterra y Australia, mientras la fama y la popularidad de Justin se extendía por todo el mundo como un incendio. ¡La gente de todas partes estaba empezando a darse cuenta del gran talento, y la gran persona, que era!

El cuarto sencillo que se soltaría antes de la presentación del álbum era otra canción de amor llamada "Favorite Girl". De todos sus sencillos hasta el momento, era sin duda el de ritmo más rápido. Introdujo un sabor a *rhythm and blues* y tenía un sintetizador notable, dándole una sensación más moderna que algunas de sus canciones más antiguas. Fue escrito por un equipo de escritores de música que incluía a Antea Birchett y Delisha Thomas.

La canción surgió primero en un memorable enfrentamiento entre Justin y Taylor Swift. Primero, Swift subió un video diario de giras al sitio de Internet para compartir videos. El video diario empleaba la canción de Justin, "One Time", como banda sonora. Cuando le avisó esto uno de sus admiradores, Justin pensó que era gracioso y emocionante. "Lo vi y era divertido", comentó, "¡ella estaba siguiendo con la boca las palabras!". Justin estaba entusiasmado por hacer una respuesta rápida en Internet. Por lo tanto, como video de "reacción", subió una grabación de él tocando acústicamente "Favorite Girl".

Era un video que a propósito era alegre y divertido. "Justin 'Johnny Cash' Bieber presenta Favorite Girl", decía el texto inicial. "¿Qué hay, amigos?", dice Justin, el cual trae lentes oscuros y se sienta con su guitarra junto a otro guitarrista, al inicio del video. "Bieber Cash, aquí", añade señalando a la cámara: "Esta canción, justo aquí, está dedicada a ti... Taylor Swift... es una canción que nunca he tocado para nadie. Sólo tú. Se llama 'Favorite Girl', ya que eres mi chica favorita. Justin Cash, Bieber Cash. Vamos a hacerlo".

Entonces canta y toca la canción, acompañado por su propia guitarra y la del otro guitarrista. Cuando la canción termina, Justin se acerca a la cámara y dice: "Bieber Cash, Cash Dinero, Taylor Swift, paz". El texto de la señal de despedida al final del video tranquilizó a cualquier admiradora que se sintiera un poco celosa por su serenata en Internet para Swift. "No se preocupen, damas, todas son mi 'chica favorita', ajá", decía.

¡Movida astuta, Justin!

Subió el video el 20 de agosto de 2009. En el texto que lo acompañaba escribió: "Hola, chicos, soy yo, Justin. Vi que Taylor Swift empleó mi canción en su último video y estaba cantándola divirtiendo a todas sus amigas y siendo ridícula, así que decidí divertirme un poco a mi manera y hacer esto como respuesta. Éste es uno de mis otros yo, Bieber Cash... ajá... (johnny cash, ¿lo entienden? ¿No? muy bien. :P) La canción es 'Favorite Girl' de mi próximo álbum *My World*. Espero que les guste. Denlo a conocer. Gracias, Justin".

Ésa fue la historia detrás de la canción, pero no fue hasta noviembre que Justin presentó oficialmente una versión de estudio de ella. En ese día celebró la presentación, actuando en *The Ellen DeGeneres Show*. El programa de entrevistas en el día más importante de Estados Unidos, presentado por el comediante que desde entonces se ha convertido en juez del *reality American Idol*... y es muy difícil conseguir una invitación para aparecer en su programa.

Cuando presentó a su invitado, DeGeneres comentó: "Nuestro siguiente invitado tiene la alucinante cantidad de 80 millones de visitas en YouTube y sólo tiene quince años de edad. Haciendo aquí su debut en la televisión diurna, por favor den la bienvenida al adorable Justin Bieber". Vestido con camisa verde a cuadros, apareció Justin en el escenario y cantó un popurrí de sus canciones. Empezó con algunas líneas sin acompañamiento de "Favorite Girl" y luego pasó a "One Time", completa con pista de respaldo y cantantes.

Fue una actuación llena de energía y el público pronto estaba de pie, bailando. Mientras tanto, la presentadora sonreía con aprobación por la forma en que Justin estaba iluminando la atmósfera en el estudio. Por una lesión Ellen no pudo bailar… pero era obvio, por la expresión de su cara que deseaba hacerlo.

"Quiero decir que nunca me he sentido más vieja en mi vida", dijo mientras Justin se le unía para una entrevista. "Por lo general iría por todos lados saltando… No podrías ser más adorable". Entonces se refirió a la sección de "desbordamiento" del público, los que se presentaban en el estudio, pero que no podían entrar. Esta sección de desbordamiento estaba llena de las emocionadas admiradoras de Justin y DeGeneres invitó a dos de ellas a sentarse en la fila del frente… a sólo unos metros de su rompecorazones. ¡Chicas afortunadas!

DeGeneres preguntó a Justin cómo lo descubrieron y le contó la historia de cómo empezó subiendo videos a YouTube para compartir con amigos y familiares. "Creo que como que explotó", añadió. Le preguntó qué consejos le había dado Usher. "Definitivamente que me mantuviera humilde", expuso Justin. "Tal vez eso sea lo más importante. Si te mantienes humilde y en el camino correcto… todo es posible".

"Exactamente", estuvo de acuerdo la presentadora. "Tienes el talento, tienes el carisma, eres tan guapo como podrías ser… no podrías ser más guapo. Quiero decir que podrías estar llegando a la cima en este momento… ten cuidado. Es lo guapo que eres… no podría imaginar que te vuelvas más guapo. Pero… este negocio es demente, un sube y baja, así que mantén en verdad los pies en la tierra".

DeGeneres pasó a hablar de cuántas admiradoras mujeres tenía y lo devotas que le eran. "Y tienes confianza, no engreimiento, y eso me gusta. Porque el engreimiento es arrogante y detestable, pero tú tienes mucha confianza". Pasó a los recientes rumores de periódico de que Justin había pedido una cita a Rihanna, el éxito de la música *pop*. El rumor, de ser cierto, con seguridad sería lo que demostraría que tenía "mucha confianza", ¡así que era buen momento para hacer la pregunta!

"¿Pediste una cita a Rihanna? ¿Es cierto?", le preguntó. "Sí, eso sucedió. Sólo me lancé", contestó Justin con una sonrisa de orgullo. El público se rió con el pensamiento de un guapo chico de quince años de edad, pidiendo una cita a una exitosa mujer de más de veinte. "¿Y qué dijo Rihanna?", preguntó la presentadora. "No voy a tener una cita con ella", contestó Justin. "Pero seré muy amistoso con ella", añadió. "Tal vez en unos años...". DeGeneres estuvo de acuerdo, diciendo: "Tal vez ella te pedirá una cita más adelante. ¡Nunca se sabe!". Era claro que estaba encantada con su joven invitado.

DeGeneres invitó a Justin a decir hola a las dos admiradoras, Kristen y Laura, a las que habían elegido para unirse al estudio desde la sección de desbordamiento. Él caminó hacia ellas, para su gran emoción, y les dijo: "¿Cómo están?". Luego les dio la mano a ambas chicas y estuvo de acuerdo en darles su autógrafo. Cuando una de las chicas dejó caer por nerviosismo la pluma, Justin se inclinó para levantársela. ¡Qué caballero!

Su primer aparición en la televisión diurna había pasado con brillantez y había ganado un grupo completo de admiradores en el público clave que veía el programa, gran parte del cual estaba formado por gente de más edad que su base de admiradores. ¿Quién pudo no quedar encantado por él mientras conversaba con DeGeneres?

El sitio de internet de MTV se apresuró a expresar cuánto había disfrutado su equipo la entrevista con el encabezado: "Justin Bieber encanta en *Ellen*, lanza nuevo sencillo". Al sitio de Internet también le gustó el nuevo sencillo, y lo llamó "una improvisación con mucho ritmo, genial y para presumir". Cuando cantó el tema en vivo era obvio lo popular que era. Después de esa presentación, *The New York Times* describió "Favorite Girl" como "su mejor canción de la noche".

Si se considera que era una presentación sólo digital, "Favorite Girl" se vendió bien y llegó a las 30 mejores canciones en Estados Unidos y a las 20 mejores canciones en Canadá. Completó los cuatro sencillos en llegar a las listas de éxitos antes de la presentación del álbum del que se habían sacado. Eran momentos extraordinarios y Justin apenas podía creer lo que le estaba sucediendo. Pero si pensó que la devoción y la emoción que estaba produciendo entre sus admiradores ya era grande, apenas había visto la mitad. Justin Bieber estaba a punto de ver su fama y popularidad elevarse como cohete mientras daba el siguiente paso en su sorprendente carrera.

Este paso sería la presentación de su primer álbum... y todavía no tenía siquiera los dieciséis años de edad...

6
Su mundo

Fue mientras preparaba la presentación de *My World* que Justin empezó a notar el frenesí de emociones que su carrera había provocado entre las chicas jóvenes. Su equipo tenía muchas ganas de hacer un gran trabajo promocional antes de la presentación del álbum, aunque no era necesario trabajar duro para convencer a los medios de comunicación para que presentaran a Justin.

De hecho, hubiera sido físicamente imposible para Justin cumplir con todas las solicitudes que le llegaban… ¡era un joven con gran demanda! Las que aceptaba eran experiencias emocionantes para él. Todavía se estaba acostumbrando al asunto de ser una celebridad. Mientras viajaba a diversos países para promover *My World* recibía muchos recordatorios fuertes y algunos inesperados de lo popular que era.

Por ejemplo, cuando visitó la estación de televisión por cable canadiense Much Music en julio, una enorme multitud de chicas hizo cola para verlo. Muchas habían esperado por más de cinco horas para tener la oportunidad darle un vistazo, y mientras esperaban cantaban la letra de "One Time" y entonaban cánticos para su chico. ¡Era una señal de una verdadera devoción! Mientras cantaban y gritaban ondeaban pancartas con mensajes sobre Justin. Uno decía: "Amo a Justin", otro decía: "Me provocas fiebre de Bieber". Otra chica sostenía uno en el que había escrito: "¡Prefiero chicos más jóvenes!". Bueno, ¡ero era honesto y directo!

Cuando el "chico más joven" del momento se presentó en el estudio, vestía un jersey azul con capucha y pantalones de mezclilla azul oscura. Cuando apareció causó naturalmente un enorme grito de sus admiradoras. Los gritos continuaron después de que lo entrevistaron. Justin estaba dispuesto a ver a tantas de sus admiradoras como fuera posible y salió del estudio para conocer y saludar a quienes hacían fila afuera. Apenas podía creer que tanta gente se reuniera sólo para verlo… ¡qué multitud!

Firmaba tantos autógrafos como podía y posaba para fotógrafos, con admiradoras siempre que era posible. Mientras tanto, ellas entonaban cánticos, gritaban y empujaban más fuerte para tratar de atraer su atención. Él también cantaba con ellas. Ya desde esta etapa temprana era obvio que Justin en verdad sabía cómo "trabajar a una multitud". Es una gran destreza natural para que tenga cualquier estrella… muchas son demasiado torpes para lograrlo.

Incluso cuando había terminado ese día, las admiradoras cubrían las calles alrededor del estudio, gritando emocionadas por saber que su ídolo estaba entre ellas. Cuando se marchaba al final, corría entre ellas para darles un último saludo, luego se subía la capucha y saltaba a la camioneta que se lo llevaba.

Su equipo grabó un video de lo más destacado del día y se añadió a su canal de YouTube. Dejó un mensaje especial en su canal de YouTube para agradecer a sus admiradores. "Oigan amigos, es Justin… sólo deseaba añadir una nota para agradecerles en persona por todo el apoyo", decía. "Están ayudando a un niño de una ciudad pequeña a perseguir su sueño y por eso estoy eternamente agradecido. Gracias a ustedes mi familia tiene la oportunidad de tener una vida mejor y yo he ido y visto lugares que nunca hubiera imaginado. Éste es sólo el principio, pero deseaba hacerles saber lo agradecido que estoy porque sin ustedes esto nunca hubiera sucedido".

Podía haberse vuelto parte de la industria de la música *pop* de "corriente principal", pero como Usher le había aconsejado, Justin lo "estaba manteniendo como algo real" en lo que se relacionaba con recordar sus raíces. Lo habían descubierto mediante YouTube y tenía un ejército de admiradores ahí antes de que siquiera tuviera un contrato para grabar, así que estaba decidido a retener su presencia en Internet y presentar a sus seguidores de la red maravillosos y exclusivos vistazos de su vida.

Cuando estaba improvisando entre bastidores en un concierto, se aseguraba de que se filmara, de manera que sus admiradores pudieran tener algunos fragmentos entre bastidores de cómo era su vida en las giras. El 4 de agosto subió un video que lo mostraba improvisando con su guitarra la canción "Heartless" de la leyenda del *rap* Kanye West y la canción "Successful" de Drake. Con una camiseta de color rojo y un reloj blanco enorme en su muñeca, se ve a la moda y, como siempre, canta y toca la guitarra con brillantez.

El texto de despedida en el video era un tributo al señor West: "Éste es para ti, Kanye – Justin". Poco podía saber que en unos cuantos meses estaría defendiendo públicamente a otro artista de lo que consideró era un trato injusto de Kanye West.

Mientras tanto, al aproximarse la presentación del álbum, ¿qué podía decir Justin a su ejército de admiradores respecto a qué esperar de él? "Va a ser un álbum divertido", reveló en *MTV News*. "Gran parte es sobre amor y amor adolescente y lo que estaría en mi mundo". Sin embargo, éste no era el único tema de la presentación, añadió Justin. "Hay mucho material que no es sólo sobre el amor", continuó. "Hay canciones con las que los adolescentes se pueden identificar, en lo que se refiere a padres que no están juntos, divorcios y simplemente material que sucede en la vida cotidiana. Hay muchos chicos de mi edad y su álbum completo es 'Todo es perfecto'. La vida real no es perfecta, así que mi disco como que retrata eso. Sólo tienes que hacer lo mejor posible con lo que tienes. Estoy deseando influir en los demás en una forma positiva".

"Mi mensaje es que puedes hacer lo que sea si sólo pones tu mente en eso. Crecí bajo la línea de la pobreza, no tuve tanto como otras personas. Creo que eso me hizo más fuerte como persona, forjó mi carácter. Ahora tengo un promedio de puntos de calificación de 4.0 y deseo ir a la universidad y volverme una persona mejor".

Como siempre, Justin y su equipo tuvieron una gran idea de mercadotecnia para ayudar a hacer un éxito de su álbum. Su idea era ofrecer a los admiradores una oportunidad de conocerlo... pero, como en el cuento clásico de los niños, *Charlie y la fábrica de chocolates*, sólo si encontraban uno de los boletos dorados que se insertarían en algunos de los estuches de CD. Justin estaba emocionado al anunciar su propio concurso de boletos a sus seguidores de Twitter. "¡ES VERDAD!", escribió. "Habrá BOLETOS DORADOS en algunos de mis álbumes... Si encuentras el álbum correcto, ¡¡tendrás un CONCIERTO PRIVADO para ti y tus amigos!!".

Su siguiente mensaje explicaba que el álbum se presentaría en dos partes. "Hoy se da a conocer", escribió. "*MY WORLD* va a salir en dos partes. La primera es el 17 de noviembre y la segunda comenzará la semana del día de San Valentín del próximo año". ¡La anticipación para la primera parte era tan intensa que muchos admiradores ni siquiera podían mirar más allá hasta la parte dos! Justin confirmó que había estado trabajando con un gran equipo. "He estado trabajando con muchas otras personas", comentó. "Trabajé con Movement, Clutch. Muchos grandes productores y demás".

Todo lo que se decía del álbum sonaba maravilloso, así que a la pregunta más importante: ¿qué tal sonaba en realidad el álbum mismo? Se iniciaba con el sonido conocido de su sencillo de lanzamiento "One Time". Era la pista obvia con la cual empezaría el álbum y mientras Justin cantaba en él "mi mundo, es tu mundo", recordaba a los oyentes el título del álbum en sí. Le sigue "Favorite Girl", y cuando termina esa canción, la pista tres empieza con Justin murmurando la palabra "mafia" en una pista de piano.

No te preocupes, no era una referencia a algún tipo de banda criminal, sino más bien al dúo de producción Midi Mafia que había creado la canción junto con él. Era la primera pista en el álbum en la que Justin había participado para escribirla. Así que no es sorprendente que "Down to Earth" sea una de las pistas más personales en *My World*. Como Justin contó a la revista *Billboard*: "Es una balada sobre los sentimientos que tenía cuando mis padres se separaron y cómo ayudé a mi familia a superarlo. Creo que muchos niños han visto que sus padres se separan, y deberían saber que no es por algo que ellos hicieran. Espero que la gente se pueda identificar con ella".

La letra, sobre pelear mientras se está herido al pasar por un periodo difícil, en verdad son cosas con las que es seguro que cualquier ser humano se podría identificar. La letra es triste y desgarradora ya que Justin canta sobre el dolor y la confusión que está pasando. La verdad es que para muchas personas jóvenes estos son exactamente sus sentimientos mientras crecen y aprenden a manejar lo que la vida les manda. Para Justin, poner estos tiempos difíciles en palabras y luego ajustarlos con la música explica por qué es una gran inspiración para los jóvenes. Comprende mejor que cualquiera lo que significa ser joven y proporciona una banda sonora para esas experiencias.

Sin embargo, por muy tristes y honestas que sean sus letras, siempre incluye también una nota de positividad. Justin admite en "Down to Earth" que no es una situación que sea fácil de manejar, pero cree que si se mantiene unido con quienes lo aman, puede superar el reto. Algunos admiradores estaban tan conmovidos por la combinación de valor, fuerza y vulnerabilidad en esta canción que lloraban mientras lo escuchaban. Se puede sostener que Justin es la voz de una generación.

La siguiente canción en el álbum se llama "Bigger". De nuevo, el equipo de Midi Mafia participó en su creación, de manera que una vez más Justin murmura la palabra "mafia" cuando empieza la canción. Sin embargo, esta canción no podría ser más diferente musicalmente a la que se encuentra antes de ella. "Bigger" es una melodía de ritmo rápido, con un aire de feliz desafío, en la que Justin vuelve la vista atrás a sus primeros años y a los bravucones que lo hicieron infeliz, y nota con alegría que ahora es más grande que ellos.

Algunos comentaristas notaron que las líneas respecto a cómo era "rompecorazones" y "jugador" cuando era más joven sonaban extrañas al proceder de alguien tan chico, pero los admiradores estaban demasiado ocupados bailando con esta pista de música *pop* tan pegajosa... ¡tres minutos y diecisiete segundos de alegría para bailar!

El mensaje de la canción es alentar a sus admiradores y a los oyentes a poner la vista en lo alto y dirigirse a metas más grandes. ¡Es difícil discutir con eso!

La siguiente es la canción feliz y reconfortante "One Less Lonely Girl", que eleva el estado de ánimo después del tema más serio y conmovedor de "Down to Earth". De hecho, "One Less Lonely Girl", es una canción a la que reaccionan las admiradoras jóvenes de Justin.

"First Dance", la siguiente pista del álbum, es una canción que Justin describe como "una canción lenta y genial con la que la gente puede bailar". Empieza con la voz del mentor de Justin, Usher, pero pronto la voz de Justin lo sustituye mientras canta con dulzura respecto a ese rito de iniciación común a tantos niños, en particular en Estados Unidos: ¡el primer baile con una pareja en un baile de la escuela!

Canta sobre cómo el primer baile conduce al primer beso, en el que él besa el brillo de los labios de la chica. Hace una señal de aceptación a la historia de Cenicienta al referirse a "zapatillas de vidrio". Desea abordar la experiencia completa con lentitud ya que, después de todo, sólo se tiene una primera vez en la vida. Como vimos, el primer beso de Justin en un baile fue un poco torpe... ¡así que ha cantado por experiencia en ese campo!

La melodía de la canción es similar a una empleada por el héroe de Justin, Michael Jackson, lo que recuerda a no pocos escuchas la exitosa canción de Jackson "You Are Not Alone". Para Justin, que creció idolatrando a Jackson, es una comparación que le parece muy halagadora. La pista final del álbum era "Love Me", el sencillo con el *sampling* del coro. Como se comentó antes, es una melodía de música *pop* muy contagiosa y placentera... ¡así terminaba un gran álbum con una gran nota!

¿O era así? Ya que se encontraban dos pistas secretas de regalo para que disfrutaran los admiradores. La primera, "Common Denominator", es una de las canciones más dulces y sinceras de Justin. Le dice a la chica de la canción que lo único que teme en la vida es no tenerla ya con él. Promete dulcemente que enfrentaría mil años de dolor. Añade temas matemáticos cuando explica por qué no desea jamás ser sólo la mitad de una ecuación. Explica que la chica es el denominador común de su vida. Con cuatro minutos y dos segundos, es una de las canciones más largas del álbum y muchos sostendrían que es la más reconfortante. ¡Casi era suficiente para hacer menos dolorosas las lecciones de matemáticas! Como sea, es seguro que Justin sabe cómo causar una reacción emocional en sus admiradoras y es un joven encantador. La siguiente pista de regalo fue sólo para los admiradores canadienses y era una adaptación francesa de "One Less Lonely Girl". Estas pistas de regalo, dos sorpresas para los admiradores devotos de Justin, iban a ayudarlos hasta la presentación de la segunda parte del álbum en 2010.

En general, la reacción a la primera parte de *My World* fue de gran admiración. Muchas personas pensaron que era el mejor álbum de música *pop* en llegar a las tiendas en largo tiempo. La influyente revista *Rolling Stone* puede estar dirigida a lectores de mucha más edad que los admiradores clave de Justin, pero reconoce un buen álbum de música *pop* cuando lo escucha. Le dio a *My World* tres de cinco y concentró sus elogios en una canción en particular, diciendo: "Pero, ¿quién podría negar 'First Dance', donde Usher deja a Justin en el baile de la escuela de manera que él y Bieblette puedan 'bailar rock de un lado a otro bajo la bola de música disco'?".

La principal crítica del sitio de Internet de la BBC comentó que mucha gente disfrutaría el álbum, en especial "la de edad similar a la del artista", y la crítica terminaba con una nota feliz y que causa admiración, que describe a Justin como un "tipo descarado que con todo derecho disfruta el momento de su joven vida". La página de Internet del sitio que se dirigía específicamente a los espectadores más jóvenes también estaba impresionada: "La maravilla de la canción para adolescentes se ha convertido en un enorme éxito en gran cantidad de países y su última creación no va a defraudar... *My World* es un gran álbum y es difícil encontrar algo mal en él".

Justin estaba interesado en especial en enterarse de lo que tenían que decir los periódicos de su natal Canadá sobre el álbum. El periódico *The Toronto Star* escribió que: "Su álbum está lleno de melodías pegajosas que están destinadas a que la base de niños adolescentes de Justin Bieber toque incesantemente, sus padres lo encontrarán tolerable". La crítica concluía: "Con un álbum que entrega lo que promete, lo único que podemos pedir es más".

De vuelta en Estados Unidos, David Hiltbrand, del *Philadelphia Inquirer* también estaba impresionado con el álbum de Justin. "*My World* es un bocado pegajoso y bien ejecutado", escribió, "en particular los retozos juguetones sobre el amor adolescente como 'One Time'. Seguro, Bieber es menos convincente en una balada sobre rupturas como 'Back to Earth'. Pero no se puede negar que el chico con facciones de bebé del *soul* tiene talento. Y es guapo. ¡Dejen gritar a las chicas jóvenes!".

En verdad gritaron… ¡y todavía están gritando hasta la actualidad!

Mikael Wood, de la influyente revista *Entertainment Weekly* comentó: "A los quince años, este pequeño cantante melódico de Canadá todavía es más de una década más joven que Usher y Justin Timberlake, los cuales ofrecieron al cantante contratos para grabar basados en su exitoso canal de YouTube (Usher ganó). Algo poco sorprendente es que *My World* contiene muchas baladas de amor adolescente dulzonas y confecciones mediocres de *dance-pop*; se aconseja mantenerse alejados a los diabéticos. Bieber es mejor en 'Love Me', donde improvisa con 'Lovefool' de los Cardigans sobre una impresionante pista de electro glam. Aquí se espera que su arrogancia aumente con la edad".

Una y otra vez llegaban elogios para Justin. También estaba impresionado el crítico del sitio de Internet AllMusic, quien escribió que Justin "hace mucho más que sólo arreglárselas con su limpísimo encanto y su habilidad natural". Tal vez el mayor elogio llegó del poderoso periódico estadunidense *The New York Times*, que afirmó que el trabajo de Justin es comparable al de su héroe de la infancia, Michael Jackson, y que algunas de las canciones del álbum "son hermosas y serias en una forma sin complicaciones". *Billboard* describió las letras de Justin como que eran "tan infantiles como maduras en una forma que desarma". Este contraste es similar a la combinación ganadora del lado infantil y descarado de Justin con su cabeza más sabia y mayor.

Por lo tanto, había mucho para que Justin estuviera orgulloso mientras hojeaba y presionaba teclas al revisar los veredictos de los críticos. Cerca de la fecha de presentación de *My World* tuvo gran cantidad de entrevistas para promover el álbum. Con ellas, sus admiradores llegaron a comprender mejor lo que lo mueve en lo que respecta a la música y a su vida en general. Cuando se le preguntó por qué había escogido *My World* como el título del álbum, comentó: "Básicamente era la única forma en la que en realidad podía describirlo. Tiene muchos elementos de mi mundo". Aunque su base de admiradores está dominada por gente joven, en especial chicas jóvenes, Justin insistió en que su álbum debía interesar también a otras personas. "Creo que las personas de más edad pueden apreciar mi música ya que en verdad muestro mi corazón cuando canto y no es una frase trillada", explicó. "Creo que puedo crecer como artista y mis admiradores crecerán conmigo".

Hablando de admiradores de diferentes tamaños, Justin cantó "Bigger" en los premios de Música en Video de MTV. Vestido con un jersey castaño claro y pantalones de mezclilla azules, Justin se veía muy en onda y tenía un estado de ánimo lleno de energía. "Creo que estoy listo", dijo justo antes de que empezara la música. Por supuesto, la mayoría de las chicas que observaban gritaron por la emoción, y sus gritos se podían escuchar por encima del ruidoso estruendo de la pista que salía de las bocinas. Siempre que Justin miraba hacia el público, muchas de ellas saludaban con la mano demencialmente, esperando captar un momento valioso de su atención.

También se presentó en el programa de la televisión alemana *The Dome*. Grabada frente a un gran público, una vez más Justin casi quedó ensordecido por los gritos de sus admiradoras mientras cantaba "One Time". Se notaba que estaba cantando en vivo y también se las arregló para bailar bien. A algunas estrellas de música *pop* les resulta difícil bailar y cantar en vivo al mismo tiempo. Por lo tanto, a veces deciden hacer mímica al canto de manera que se puedan concentrar en bailar, o sacrifican el baile a favor de cantar en vivo. Pero Justin mostró lo profesional que es al combinar ambas cosas en forma excelente.

Mientras corría por el gran escenario, las chicas más cercanas a él en cualquier sitio gritaban con mucha más emoción. ¡Era la Biebermanía en acción! "¡Los amo, amigos!", gritó el chico mismo cuando terminó la canción. "Ustedes, amigos, son formidables… muchas gracias!".

La presentadora dijo: "Justin Bieber: 'One Time', ¡por primera vez en *The Dome*!". Le contó a Justin lo sorprendida que se había sentido por la emoción que había causado. "Es en verdad sorprendente", estuvo de acuerdo. Volviéndose hacia la multitud, dijo: "Los amo, amigos, mucho". Entonces saludó con la mano a la frenética multitud. Parecía que Europa lo amaba en forma tan ruidosa como lo hacían Estados Unidos y Canadá. Su búsqueda de la dominación mundial estaba trabajando hasta ese momento.

Además de presentarse en programas de televisión, Justin también hizo varias apariciones dentro de tiendas en grandes almacenes de Estados Unidos. Eran buenas oportunidades para que sus admiradores lo vieran en persona. Uno de estos eventos tuvo lugar en la Nintendo World Store de la famosa plaza Rockefeller en Nueva York. Se suponía que era una actuación privada para sólo 300 invitados, pero pronto se convirtió en algo mucho más grande cuando miles de admiradores se presentaron para verlo. Algunos habían llegado el día anterior y dormido en el lugar de la presentación, por las ganas que tenían de ver a Justin. Muchos habían viajado por horas para estar ahí. Vestía un jersey púrpura sobre su playera blanca y se sentó en un taburete, haciendo una interpretación acústica conmovedora de "One Time". Por supuesto, las chicas que habían tenido la suficiente fortuna para entrar a la tienda se estaban volviendo locas.

Después de cantarles, Justin estaba dispuesto a darles algo a las admiradoras decepcionadas que no habían podido entrar a la tienda. Había miles en el exterior, así que se asomó a la venta y las saludó con la mano, enviándoles besos y haciendo un signo de "corazón" con las manos. Fue un gesto dulce y con estilo de un chico que, aunque aturdido por el tamaño de su grupo de admiradores, de todas maneras estaba dispuesto a tratarlos con bondad y justicia… gestos que no dejaban de notar ellos.

Pronto volvió a la plaza Rockefeller... pero esta vez iba a aparecer ante uno de los programas de televisión más grande de todos los tiempos de Estados Unidos. *The Today Show* es uno de los programas más importantes y de los que más se habla de la televisión estadunidense. Se transmitió por primera vez en la década de 1950, y es el primer programa de televisión matutina en salir al aire y que con rapidez se convirtió en un programa influyente, algo que sigue siendo en la actualidad. Las estrellas y políticos más grandes del mundo sueñan con tener la oportunidad de aparecer en *The Today Show*; invitaron a Justin dos veces en rápida sucesión. Por lo tanto, en octubre estaba de vuelta a la plaza para actuar para el programa de la NBC.

Siguió la pista a la actuación con cuatro días de anticipación cuando habló al programa para promover "Leer para el Registro", una campaña nacional estadunidense para fomentar la lectura y el alfabetismo entre los niños. Al hablar de su fama, la describió como "en verdad sorprendente" y comentó que nunca esperó que su vida y carrera resultaran de esta manera. "Tengo una idea. Creo que todos sólo vendrán, te traerán tus libros... y vamos a donarlos a la organización".

El día de la actuación real el clima estaba un poco frío en Nueva York, de manera que Justin usaba chaqueta negra y una bufanda gris enrollada en el cuello. Después de que el *disc jockey* animó a la multitud, Justin, quien parecía un poco nervioso, corrió al escenario y cantó "One Time". Las chicas reunidas ahí gritaron y cantaron llenas de alegría. "Hagan un poco de ruido para Justin Bieber", comento el maestro de ceremonias cuando terminó la canción y la multitud obedientemente hizo eso. No fue el final de su presentación en el exitoso programa.

Volvió más tarde en la mañana, se sentó en un taburete e interpretó una versión acústica de "Favorite Girl". De nuevo, los admiradores estaban encantados. Después de que terminó la canción se volvieron locos, para gran asombro de los presentadores, uno de los cuales preguntó: "¿Qué te parecería tener ese tipo de éxito a esa edad?".

Después de esta actuación, Justin viajó en avión al otro lado de Estados Unidos para aparecer en la radio de San Diego. Luego estuvo en Tennessee para más conversaciones por radio. ¡Qué estilo de vida tan glamoroso estaba teniendo mientras promovía su álbum de lanzamiento! El presentador de *The Today Show* tenía razón... ¡Justin era un éxito!

Lo siguiente en su gira fue una presentación en *The Next Star*, un programa de televisión de *reality* canadiense. Fue la noche de la final en vivo, de manera que la atmósfera ya era electrizante. Entonces Justin tomó el escenario y el techo casi se desprendió de su lugar. Con su jersey verde y playera color roja, también traía un crucifijo prominente. Se sentó en el escenario junto al otro guitarrista y la pareja se lanzó a hacer una interpretación acústica de "One Less Lonely Girl". En este lugar, la histeria casi fue aterradora. Las chicas no sólo cantaban, gritaban y saludaban con la mano a Justin, también se pusieron a llorar.

Su segunda canción de la noche fue "One Time". Con este fin se retiraron las guitarras y los taburetes para que pudiera interpretar la canción con su pista de fondo normal. Cuando cantó el coro quedó claro lo lleno que estaba el lugar con los admiradores incondicionales de Justin... las voces del público casi lo ahogaban mientras cantaban alegremente con él. "Amo a Justin", decía una de las pancartas en el público... y con seguridad parecía hablar por todos los presentes.

"¡Buen trabajo, amigo, gran trabajo!", dijo el presentador, acercándose a Justin después de que terminó la canción. Entonces explicó que habían organizado una sorpresa para Justin... y le entregaron una placa para conmemorar el acontecimiento de que "One Time" había llegado a platino. Justin aceptó la placa y la levantó como señal de victoria. "Muchas gracias, muchas gracias", comentó. Entonces se inclinó para darle un abrazo a la mujer más bien pequeña que le entregó la placa. Fue un momento encantador. "Asegúrense de recoger el álbum de Justin". ¡Como si alguien necesitara que se le recordara eso!

Al ponerlo a la venta, *My World* se vendió bien y esto se debió en parte a las muchas ideas promocionales que Justin y su equipo utilizaron. Al haber establecido un concurso que pedía a los admiradores crear videos que promovieran en formas imaginativas la canción "One Time", Justin fue el centro de atención de un concurso similar cuando se puso a la venta *My World*. Cuando planeaba un pequeño espectáculo privado para la radio I Hear, la estación pidió a los admiradores subir videos de ellos mismos cantando "One Time", de nuevo haciendo que los admiradores sintieran como si fueran parte de la historia de Justin.

Su siguiente concurso tuvo más estilo… en él donó una camiseta autografiada al principal grupo de brindar bienestar a los animales, Personas por el Tratamiento Ético de los Animales (PETA, por sus siglas en ingles). "Mi papá y yo solíamos salir y visitar… sólo ir y visitar los diferentes animales y demás", comentó Justin respecto a su interés en el cuidado de los animales. "En verdad es importante que la gente adopte. Realmente aliento el ir a un refugio de animales o a un lugar donde se pueda conseguir un perro que fue abandonado o que no tiene hogar". También posó para un cartel de PETA en el que se leía el lema: "mi mundo incluye la compasión a los animales, el tuyo también debería".

Mientras Justin aguantaba el camino promocional, aprendió rápido a promoverse él y su música con efectividad. Sabía que era muy importante hacer que les llegara a sus admiradores el mensaje de lo que eran las novedades más recientes y las que estaban por ponerse a la venta. Esto no sólo hacía feliz a sus manejadores y a la compañía disquera, también ayudaba a sus admiradores: querían saber qué estaba sucediendo en su mundo y cuándo tendrían la oportunidad de nuevo de comprar algo relacionado con Justin.

Por ejemplo, en una entrevista para el programa de televisión *All Access* de Fox, Justin recitó las fechas de sus novedades... y el entrevistador quedó claramente impresionado. "Quince años y está haciendo publicidad a lo bestia", comentó el entrevistador, mientras Justin sonreía orgulloso para mostrar que estaba de acuerdo. "¡Es como si hubiera puesto aquí todas las fechas y demás en marcha!". Volteándose hacia Justin dijo: "¡Estás haciendo un trabajo maravilloso!".

La entrevista de Fox fue muy personal y dio a los admiradores de Justin la oportunidad de aprender más sobre el chico que estaba detrás de la música. "Sí, canto mucho sobre el amor", le contó Justin al entrevistador, quien entonces le preguntó qué podía saber un chico de su edad sobre el amor. "¡Mmm!, creo que se siente bien", afirmó Justin con una risita nerviosa. "Lo que quiero decir es que no soy un experto respecto al amor, ni a nada. Todavía estoy aprendiendo, todavía estoy tratando de comprender el proceso...". El entrevistador sugirió en broma que tal vez Justin necesitaba "alrededor de año y medio" para dominar el concepto del amor. Él estuvo de acuerdo con esto. "Soy soltero y estoy listo para tener citas", añadió. Entonces le preguntaron sobre las edades de sus novias pasadas. "¡Mmm!, la más grande era como de dieciséis años y medio", contestó Justin. "¡Mujer mayor!", expresó el entrevistador con una sonrisa. "Me imagino que saldré con cualquiera de quien me enamore", dijo Justin. "¿Y sólo sabes eso por algún sentimiento interno?", preguntó el entrevistador. "Sí", afirmó Justin. También se le preguntó si había llorado por una chica. "No, no todavía", comentó Justin. "En realidad no he tenido citas con tantas chicas, sólo estoy tratando de comprender todo este asunto del amor".

Justin también habló sobre su educación, explicando que a pesar de ser famoso y exitoso todavía estaba aprendiendo, completando gran parte de su educación mediante clases en Internet. En otra conversación habló en forma más extensa de su aprendizaje posterior a la fama. "Tengo un tutor", dijo. "Quiero ir a la universidad. Como Asher Roth dice, creo que la universidad va a ser una pachanga". Al preguntarle qué tema escogería para estudiar en la universidad dio una pista de lo que podría ser: "Soy bueno para el inglés", comentó. "Me gusta escribir". Al haber participado en escribir dos de las canciones que se presentan en *My World*, los admiradores pueden esperar que Justin escriba más canciones en el futuro.

Justin ha impresionado a muchos entrevistadores por su tratamiento maduro y ecuánime de sus preguntas. Cuando examiner.com le preguntó sobre otras celebridades durante una entrevista, con calma señaló que seguían volviendo al tema, diciendo: "Ustedes, amigos me preguntan muchos sobre las celebridades". No es alguien a quien presionen con facilidad para que haga declaraciones poco prudentes, pero que llenan titulares.

Una entrevista en el programa de televisión *Good Morning America* de ABC se convirtió en una de las presentaciones más significativas de la televisión respecto a la salida a la venta del álbum. "Aún escucho la radio", contestó cuando le preguntaron cómo lo había cambiado la fama, "pero solía escucharla sólo para oír a otras personas. Es loco... ¡ahora escucho la radio y me escucho a mí mismo!". Reflexionó sobre sus actuaciones en el Stratford Star con algo de vergüenza. "Fui un perdedor", afirmó, ¡lo cual fue un poco severo para sí mismo!

Entonces presentaron a Usher y explicó que Justin ya tenía un enorme grupo de seguidores en Internet antes de que siquiera lo descubriera. "En verdad era su talento. En verdad su habilidad inmediata para producir esa magia", comentó Usher de Justin. En cuanto a Justin, trató de resumir cómo estaba manejando la siempre creciente histeria a su alrededor. "Todavía se siente como un sueño", explicó. "Como si empezara a darme cuenta de que esto es una locura".

Entonces su madre se unió a la entrevista para explicar cómo se mantenía al pendiente de Justin en medio de esta locura. "Siento como si fuera demasiada presión en él y entonces reducimos la actividad, cancelamos algunas cosas y demás. Tan sólo lo tomamos todo un día a la vez y tratamos de descansar en forma apropiada". Fue tranquilizador que se le recordar que la persona más cercana a Justin estaba más preocupada por su bienestar personal que por su carrera profesional.

También se interrogó a Usher respecto a con cuánto cuidado se estaba tratando a Justin. "¿Cómo te aseguras de que no se agota?", le preguntaron a Usher. "No hay tiempo para eso, no hay tiempo para que se agote en este momento", contestó.

Poco después, en otra entrevista en CNN, repitió de nuevo lo sorprendido que estaba por su ascenso a la fama. "Me tomó con la defensa baja, es sólo que ha sido un proceso sorprendente", afirmó

Justin. No es que se estuviera quejando: "Cómo siempre le digo a la gente: ¿qué chico de quince años no querría chicas que gritaran esperándolo todo el tiempo?". También confirmó que él y Usher eran "muy íntimos".

¿Y el consejo de Justin para los Biebers en ciernes? "Sólo seguir su sueño... ¡pueden hacer lo que quieran que decidan! ¡Básicamente es eso!".

De vuelta en Canadá, Justin tenía también las mismas exigencias. Habló con la compañía de red de televisión principal de Canadá, CTV, respecto a su vida y de cómo se había elevado de su infancia humilde en Canadá para convertirse en una creciente estrella global.

Es claro que estaba feliz con su suerte y parecía mantener la calma en medio del terremoto de alboroto que estaba produciendo su carrera en la música *pop*. "Me encanta estar en el escenario", afirmó. "Me encanta se capaz de actuar para mis admiradores. Me gusta poderlos ver sonreír y ser capaz de escuchar sus gritos ya que estoy haciendo algo que desean. En verdad me encanta actuar".

También abordó el futuro. "En cinco años más, adelante en el camino, me veo promoviendo mi carrera, tal vez ganar un Grammy". Así que es claro que no había ausencia de ambición por parte de Justin. ¿Quién podía dudar de que continuaría para lograr un éxito mucho mayor?

Como era de esperarse, subió un video corto a su canal de YouTube para agradecerle a sus admiradores el éxito que había tenido hasta el momento. "Por lo tanto, como todos ustedes saben, amigos, soy de una ciudad pequeña en Stratford, Ontario, Canadá. Una ciudad de 30 000 personas. Nunca soñé que este día llegaría. Mi álbum está en las tiendas y estoy sencillamente muy emocionado. Ustedes, amigos, hacen que mis sueños se vuelvan realidad. Como dije, nunca pensé que esto sucederá así que muchas gracias, amigos. En verdad lo aprecio".

Como explicó Scott Braun, la interacción de Justin con los admiradores en Internet, en particular mediante el sitio de Twitter, era algo importante. "Si veo que no está en el Twitter, le digo: 'Métete en Twitter'. Ya que es la forma en que sus admiradores se relacionan con él. Ellos lo hicieron, ¿no?".

"El momento en que desaparece de ellos, sienten como si hubieran perdido a ese chico de YouTube que los invitó a su sala". En cuanto a Justin, le gusta manejar su propia imagen y su interacción instantánea con los admiradores. "Mantengo todo aquí, todo está en mi iPhone", dijo. "Me gusta actualizar mi perfil, mis mensajes de Twitter y demás".

Mientras tanto, después de estos dos prestigiosos espacios de entrevistas, Justin recibió otro impulso en forma de una serie de honores y otras muestras de noticias positivas. En primer lugar, lo invitaron a hacer su segunda presentación en *Ellen DeGeneres Show*. Entonces *My World* llegó al número uno en Canadá y las ventas del álbum lo convirtieron en el artista de debut de 2009 con las ventas más altas en ese momento. (Al final del año lo superó la sensación del evento *Britain's Got Talent*, Susan Boyle). Mientras todo esto sucedía, superó los cin millones de visitas en su cuenta de YouTube.

Apenas dos años antes de todo esto, Justin había estado frente al teatro en Stratford, cantando con su guitarra y ganando poco a poco suficiente dinero para llevar a su madre de vacaciones. Todo estaba sucediendo tan rápido que le era difícil respirar... y tampoco existía la más mínima posibilidad de que tomara un descanso pronto.

Con todo un conjunto nuevo de compromisos organizados y un siempre creciente grupo de admiradores fanáticos en el horizonte, Justin apenas empezaba a comprender lo que significa ser una famosa leyenda de la música *pop*.

En todas partes, la gente estaba prediciendo que había más, mucho más, por sucederle a Justin. Nick Cannon, que había protagonizado un video de YouTube con Justin cuando empezaba a despegar su fama entre el público general, predijo que era inminente que Justin, con sus quince años de edad, se convertiría en una sensación global.

"Es definitivo que Justin Bieber está a punto de cautivar al mundo, si no lo había hecho ya", explicó Cannon. "Está llenando un vacío que no se ha llenado desde los Backstreet Boys, 'N Sync y demás". La *blogger* de celebridades Perez Hilton, en cuyo sitio de Internet Justin había lanzado uno de sus videos promocionales y a la que había conocido para una actuación especial unos meses antes, también estaba convencida de que la Biebermanía sólo iba a volverse más intensa.

"Ya se ha convertido en este fenómeno y sólo va a ser más, más y más grande", afirmó Hilton.

Y estaba totalmente en lo cierto.

7

Biebermanía

Ya hemos visto cómo se cruzó por primera vez el camino de Justin con el de la cantante de música *pop country* Taylor Swift. Su video para "One Less Lonely Girl" fue dirigido por el mismo hombre que le dirigió un video a ella. Entonces Swift empleó una canción de Justin como banda sonora para su video diario de gira y él contestó con una versión acústica de "Favorite Girl". Sin embargo, en 2009, su conexión con Swift se volvió mucho más emocionante cuando le pidieron que la presentara en la noche de los Premios de Música en Video de MTV (VMAS por sus siglas en inglés).

Una noche muy importante en el calendario de la industria del entretenimiento, VMAS se presentó por primera vez en 1984 cuando MTV empezaba a establecerse como la sede de los videos de la industria de la música. Desde entonces, el evento televisado se ha llevado a cabo en varios lugares de Estados Unidos, como Nueva York, Los Ángeles, Miami y Las Vegas. Ha tenido muchos momentos memorables, como llamativas actuaciones de Madonna y Michael Jackson en la década de 1980 y en fechas más recientes la participación de personajes como Britney Spears y Backstreet Boys se han asegurado de que VMAS nunca esté lejos de las primeras planas.

En 2009, VMAS iba a demostrar que no era una noche de premios cualquiera. El controvertido comediante británico Russell Brand presentó el evento y le dio un sentido del humor poco convencional a la reunión. El año anterior, Brand había causado muchas controversias, pero en el VMAS de Nueva York en 2009 lo superó en cuanto a las controversias, uno de los artistas de la música presentes en la ceremonia.

Cuando Taylor Swift ganó el premio para el Mejor Video Femenino por su canción "You Belong to Me", al principio estaba encantada. Cuando empezó su discurso de aceptación quedó sin aliento por la emoción. "Siempre me pregunté cómo sería el ganar uno de estos premios algún día, pero en realidad nunca pensé que sucedería", dijo.

Sin embargo, se produjo una ruda interrupción cuando la estrella de *rap* Kayne West saltó al escenario y le quitó el micrófono a Taylor.

West, al que habían fotografiado tomando alcohol cuando llegó al evento, estaba decidido a decir algo. "Hola, Taylor", dijo, mientras ella y el público miraban atónitos. "En verdad estoy feliz por ti, voy a dejarte terminar, pero Beyoncé tenía uno de los mejores videos de todos los tiempos".

Swift estaba demasiado sorprendida para continuar con su discurso en forma apropiada. En cuanto a West, lo expulsaron de la ceremonia poco después. Cuando Beyoncé ganó un premio distinto en la noche, llamó a Swift al escenario para reconciliarla con un abrazo.

West se disculpó en su bitácora de Internet. "Estoy muuuy apenado con Taylor Swift, sus admiradores y su madre. Me equivoqué al subir al escenario y robarle su momento. El video de Beyoncé era el mejor de esta década... Me da mucha pena por mis admiradores si los decepcioné, amigos... Me da mucha pena con mis amigos en MTV... Voy a pedir una disculpa a Taylor".

A pesar de esto, criticaron a West en todas partes, e incluso el presidente Barack Obama expresó su desaprobación por el comportamiento de West. Sin embargo, una persona se había apresurado a consolar a Swift incluso antes de que Beyoncé o West lo hicieran: ¡da un paso al frente, Justin Bieber! Justo después de la interrupción de West, Justin subió al escenario para prepararse a presentar la actuación en vivo de Swift. Con la actriz y cantante Miranda Cosgrove a su lado, dijo: "En primer lugar, me gustaría decir que aplaudan a Taylor Swift... ¡merece ese premio!". Tal vez Justin fuera la persona más joven presente en los premios, pero fue quien tuvo una propuesta más madura y considerada en esa noche. La multitud ovacionó sus palabras amables y conciliatorias para la alterada Swift.

Más tarde esa noche Taylor se apresuró a agradecerle a Justin su amabilidad, como él explicó a *Billboard*. "Después de que la presenté, Taylor Swift me agradeció por decir que ella merecía ganar su premio. Dijo: 'Gracias por sacar la cara por mí, pequeño hermano' y yo le dije: 'Sí, te estoy cuidando'".

También le preguntaron cómo se sentía respecto a encargarse del enorme papel de presentar a otra artista en vivo en el escenario durante una glamorosa ceremonia de premios. Después de todo, no era sólo una enorme audiencia, era una enorme audiencia llena de estrellas. "No estaba nada nervioso", comentó Justin. "Nunca me pongo nervioso. No creo que en verdad le pase a ningún artista".

Había sido una noche con muchas subidas y bajadas para Justin. Había conocido a Beyoncé y estaba muy emocionado por haber sido testigo de una de sus presentaciones. "Fue una locura, como que estaba enamorado de ella", comentó. "Estaba temblando". En una nota más sombría, los homenajes que se rindieron esa noche a Michael Jackson, quien había muerto sólo dos meses antes, fueron muy emotivos para Justin. Como creció amando a Jackson y bajo su influencia, había tenido la esperanza de que en algún momento estaría junto a Jackson, en algún gran evento musical, pero aquí estaba, observando los homenajes a su finado héroe.

La muerte de Michael Jackson en 2009 había horrorizado al mundo. Su muerte hizo que muchas personas recordaran que Jackson, a pesar de todos los aspectos extraños de su vida, era un extraordinario talento de la música *pop*. Justin estaba tan conmocionado como cualquier otro y había rendido tributo a Jackson en su canal de YouTube el mes anterior.

Mientras estaba de gira promoviendo su música, Justin se encontró con un cantante callejero. Se pusieron a conversar y le recordó a Justin su propio periodo de cantar en las calles, allá en Stratford. Le pidió al cantante, que estaba tocando un violonchelo, que le diera una pista de apoyo para que pudiera cantar la legendaria canción de Michael Jackson, "Billie Jean". Entonces Justin hizo la caminata en la luna, en homenaje al baile que Jackson hizo famoso.

El video resultante se subió al canal de YouTube de Justin, junto con el texto: "RIP Michael". Fue una forma dulce en la que Justin mostró respeto por su héroe, que había muerto a la edad de cincuenta años. Al considerar lo pronto que Justin empezó su carrera en la música *pop*, se habían hecho comparaciones entre él y Michael Jackson. Todos esperan que Justin continúe siendo la persona sana y sensata que es, incluso si su fama sigue creciendo.

Este tipo de actividad en YouTube mostraba que Justin planeaba seguir utilizando su canal de kidrauhl. *Billboard* le había preguntado si tenía la intención de seguir empleando sus métodos de Internet. "¡Ah!, definitivamente. Creo que el Internet es la mejor manera de llegar a los admiradores. Hace un par de años, los artistas no tenían esa herramienta, así que, ¿por qué no usarla ahora? También estoy en Facebook y mis admiradores se reunieron y me enviaron una tarjeta de 'Cúrate' en Twitter cuando me enfermé el otro día. Eso fue muy padre. Por ahora, estoy preocupado por estar demasiado cerca de los admiradores. No doy mucha información personal".

Cuando compartía cualquier noticia, los admiradores la tomaban de inmediato. Por ejemplo, cuando visitó Londres en el verano de 2009, ¡un solo mensaje de Twitter que anunciaba dónde estaba llevó de inmediato a cientos de admiradores al edificio! Gritaron pidiendo a Justin y él, como es de esperarse, cumplió sus deseos llevando su guitarra a la calle y cantando "One Time" para ellos.

Cantaron con él y le gritaron… parece que los admiradores de Bieber tienen mucho en común en cualquier país en que se encuentren. Entonces Justin con paciencia les firmó autógrafos. Algunos querían carteles firmados, otros optaron por su ropa e incluso equipo eléctrico garabateado por su héroe. Lo que todos tenían en común era que lo dejaban con una enorme sonrisa.

En noviembre visitó al artista del *rap* Diddy. Nacido con el nombre Sean Combs, Diddy había tenido una carrera ilustre que incluía haber producido parte del material de Usher. Fue gracias a esta conexión que Justin pudo pasar un tiempo con Diddy. En una toma de video del tiempo que pasaron juntos, Diddy prometió dar a Justin un atractivo carro "en cuanto llegues a los dieciséis años de edad". Le mostró el auto, un modelo deportivo plateado y Justin quedó muy impresionado. Justin sugirió descaradamente que incluso a pesar de que sólo tenía quince años, tal vez Diddy le dejaría manejar ya. "No, bájale, bájale Just", dijo Diddy. "Cuando tienes dieciséis, estás listo. Luego, cuando tienes dieciocho... ¡lo tienes todo!". Entonces Diddy se volvió hacia la cámara y bromeó un poco más.

"Me han dado la custodia de él", afirmó, señalando con la cabeza hacia Justin. "Firmó con Usher, pero yo tenía la custodia de Usher cuando hizo su primer álbum. No tengo la custodia legal de Justin, pero durante las siguientes cuarenta y ocho horas, estará conmigo". Justin terminó el video sugiriendo en broma "que fueran a conseguir unas chicas". Videos burdos, pero efectivos como éste son formas brillantes para que Justin se relacione con sus admiradores y a juzgar por las visitas que cada video recibe, los admiradores simplemente los aman.

También continuó dando a los admiradores oportunidades de verlo en persona. En noviembre tocó en el club Kool Haus de Toronto. Un crítico que lo vio escribió que Justin tenía todo el encanto y entereza que Usher y Timberlake han perfeccionado con el paso de los años... pero que eran sus esfuerzos no coreografiados los que más resonaban. El siguiente mes Justin estaba todavía más ocupado con programas en vivo. Apareció en el concierto de Minnesota en St. Paul. Al aproximarse la Navidad, también se presentó en un festival de Jingle Ball en Camden, Nueva Jersey, llevando un ánimo festivo a sus emocionados admiradores. Al día siguiente se realizó otro Jingle Ball en Boston y luego un tercero unos días después. El Jingle Ball final fue el 20 de diciembre en Tulsa, Oklahoma. Acompañando a Justin en el cartel estaba la banda de *pop-punk* Bowling For Soup y la artista Priscilla Renea.

Fueron eventos exitosos y felices. Claro, la reacción que Justin provocaba a menudo bordeaba la histeria, y aunque procuraban que no hubiera incidentes serios, por desgracia no siempre era así: la vida estaba a punto de volverse mucho más complicada para Justin y sus manejadores, mientras le hacían frente a las realidades de la manía de los admiradores.

En noviembre de 2009, Justin tenía que hacer una presentación oficial en el centro comercial Roosevelt Field, en la zona de Garden City de Long Island, Nueva York. Debió ser un compromiso bastante fácil de completar.

Le tocaba firmar ejemplares de su nuevo álbum en la tienda de ropa Justice. Sin embargo, el día iba a terminar muy mal. Esa mañana, Justin les hizo saber a sus admiradores dónde iba a estar. A las 9:08 a. m. mandó un mensaje de Twitter: "Voy a estar hoy en el centro comercial Roosevelt Field en Long Island, NY, firmando *MY WORLD* a las 4 p. m. Ahí los veo".

Un poco antes del mediodía, Justin actualizó de nuevo su cuenta de Twitter y escribió: "En camino al centro comercial Roosevelt Field en Long Island, NY, ¡¡para autografiar y conocer a admiradores!! estoy emocionado. los veo ahí". Todos esperaban la aparición de Justin para atraer una multitud grande y excitable al centro comercial. Pero pronto quedó en claro que la multitud iba a ser inmanejable.

Lo que se calcula es que 3 000 admiradores se dirigían hacia el centro comercial para conocer a su héroe. Algunos de ellos llegaron antes de amanecer con la esperanza de tener una vista panorámica especial. A pesar de todo, pocos pudieron haber adivinado lo mal que todo saldría.

Poco después las cifras habían subido mucho más allá de las 3 000 personas, y para el momento del evento programado, según algunos cálculos, la multitud estaba más cerca de ser de 10 000. Se habían enviado a alrededor de treinta y cinco policías para tratar de controlar el creciente frenesí.

Más adelante, testigos explicaron las escenas que encontraron. "La gente empezó a gritar: '¡Justin!'. Corrieron hacia delante y las cuerdas se cayeron", contó a los reporteros una chica de trece años que quedó atrapada en el tumulto. "Había miles de personas empujando, presionando, llorando", añadió Lisa Slawinski, una madre que había llevado a su hija a ver a Justin.

La policía se preocupó auténticamente por controlar la situación. Conforme empeoraba el caos, a la 1:30 p. m., Justin envió un mensaje por Twitter: "No me van a permitir ir al centro comercial.

Si no se marchan, mis admiradores y yo seremos arrestados como nos acaba de decir la policía". Se canceló la presentación, pero no fue el fin del asunto, ya que las consecuencias posteriores fueron serias. Llevaron al hospital a cinco de los admiradores de Justin. La policía afirmó que no se contestó con suficiente rapidez su solicitud de que los manejadores de Justin anunciaran mediante el Twitter que se cancelaba la presentación, añadiendo también que todo el evento había sido una "receta para el desorden".

La prensa se apresuró a informar la noticia. Un periódico empleó el encabezado "Pandemonio de Fanáticos". Justin estaba muy afectado por lo que sucedió. Escribió en Twitter: "¡vaya! esto me apena. el centro comercial debió tener una seguridad apropiada. ¡No me dejaron entrar! Tengo que corregir esto para los admiradores".

La compañía de Justin, Island Records, informó al *New York Daily News*: "Se presentaron más de 10 000 admiradores gritando y la policía y el inspector del departamento de bomberos llegaron a la conclusión de que era un entorno inseguro e impidieron que tuviera lugar el evento". Los admiradores de Justin quedaron conmocionados y también con el corazón herido. "Me siento como si fuera a llorar en este momento; lo amamos", dijo una admiradora de catorce años de edad.

Justin y Pattie deseaban dejar que la gente supiera que respaldaban a Braun y que sentían que no había hecho nada malo. "Mi madre y yo apoyamos al cien por ciento a mi manejador", escribió Bieber en una declaración. "Es alguien de elevados principios y personalidad moral. Las decisiones que tomó ese día fueron para proteger mi integridad y la de mis admiradores y estoy muy agradecido de tener a alguien en mi vida que me vigila como Scott lo hace".

Más adelante explicó en el programa de radio del *disc jockey* Ryan Seacrest de Los Ángeles lo que había pasado desde su perspectiva. "Quiero ver a mis admiradores. No quiero parecer tonto, como alguien que no se presenta... quiero decir hola a mis admiradores, pero cuando llegué ahí la policía amenazó con ponerme esposas y llevarme a mí y a mi madre a la cárcel", comentó. "Estaban amenazando con mandarme a la cárcel. Dijeron algo como: 'Si no te alejas en este momento, vamos a arrestarlos a ti y a tu madre'. No queremos que nos deporten... mi madre y yo somos canadienses. Así que como que dijimos: 'Lo que sea'. Así que nos alejamos, nos fuimos y resultó que los policías tenían detenida a otra persona... al vicepresidente de la compañía disquera. Lo tenían y decían: 'Si Justin no envía un mensaje de Twitter para que todos se vayan a casa, entonces te vamos a enviar a la cárcel'. Mi teléfono estaba muerto; no tenía idea de lo que estaba sucediendo". Por desgracia, ésta no sería la última vez que una presentación de Justin causaría escenas caóticas y espantosas.

Mientras tanto, después de que algunos de sus admiradores tuvieron que ir al hospital como resultado del caos en el centro comercial de Long Island, fue el mismo Justin a quien meterían rápidamente por las puertas de un hospital luego de lastimarse en el escenario. Fue mientras estaba en Londres que ocurrió el desastre y la forma en que lo manejó es una prueba real de su fuerza de carácter y su dedicación profesional.

El viaje a Inglaterra tuvo lugar porque la sensación adolescente y buena amiga de Justin, Taylor Swift, iba a tocar en dos eventos en Inglaterra en noviembre. Su álbum *Fearless* estaba demostrando ser un gran éxito en todo el mundo y había estado de gira con la estrella de *American Idol* Kellie Pickler y el grupo de música *country* Gloriana como números de apoyo. Estos dos números tenían que actuar para animar a la multitud en los conciertos de Swift, antes de que la estrella de la noche subiera al escenario. Sin embargo, cuando se trató de sus dos eventos en el Reino Unido, por otros compromisos ambos números de apoyo no pudieron viajar con Swift. Por lo tanto, ¿a quién recurrió? ¡A Justin! Era la elección obvia: popular, gran artista y también un amigo. "Ella es más agradable en la vida real", contó Justin a examiner.com. "Es la mejor y todos deben apoyarla". Parecía un arreglo ideal tanto para Swift como para Justin. ¿Qué podía salir mal?

Lo último que Justin esperaba es que se lesionara mientras actuaba en el espectáculo de la Arena de Wembley de Swift. Actuando frente a un público de 11 000, como siempre, Justin estaba dando un espectáculo de verdadera calidad de estrella. Todo iba a las mil maravillas cuando empezó su última canción de la noche.

El público estaba deleitándose en todo momento y cantando junto a él mientras interpretaba "One Time". Entonces... ¡ocurrió el desastre! Tropezó durante su actuación y sintió de inmediato dolor en uno de los tobillos. Como explicó Justin más adelante en su fuente RSS de Twitter: "En la última canción, 'ONE TIME', tropecé con algo en el escenario al bajar la rampa y sentí que mi tobillo se torcía en una forma muy dolorosa". Más adelante subió una nota de la situación verdadera y horrible de su lesión: "Resulta que me fracturé el pie".

Lo sorprendente del incidente fue que la fractura no le detuvo de completar su actuación. Para él, el espectáculo debía continuar y se mantuvo en el escenario para terminar la canción. Lo llevaron de inmediato al hospital después del espectáculo y anduvo con yeso unas cuatro semanas. De vuelta al escenario la siguiente tarde, estaba listo para cumplir con el compromiso de Manchester, a pesar de que tenía la pierna enyesada.

Incluso encontró tiempo para bromear con Swift. "Taylor me dijo anoche que me rompiera la pierna, así que lo intenté", bromeó. "No me pude romper la pierna pero me rompí un pie por ti". A lo que Swift contestó: "Es una afirmación figurada. Quería decir: 'Buena suerte, ¡es bueno tenerte!'. Ya sabes, 'rómpete una pierna'". Justin apuntó a su pierna y dijo: "Lo que quiero decir es que sólo quería hacer lo que me dijiste. Así que... lo siento".

Añadió que a menudo le preguntaban en las entrevistas cuál había sido su momento más embarazoso, "y nunca tenía una respuesta. Ahora voy a contestar: 'La vez en que me rompí el pie en el escenario'". Su última palabra sobre el incidente fue a través de su fuente RSS de Twitter: "Taylor, sabes que fue tu culpa… jaja", bromeó.

Había mostrado un enorme valor y madurez al continuar con su última canción, a pesar del dolor, y al saltar de nuevo al escenario la siguiente noche. Bueno, tal vez más "rengueando" que brincando, pero el hecho de que Justin siquiera estuviera ahí mostró la seriedad con que toma sus compromisos profesionales y cuánto significan sus admiradores para él.

Sabía que aunque Taylor era la artista principal de la gira, muchos de los que aparecían en Manchester también estaban emocionados de verlo a él. Así que no tenía la intención de decepcionarlos. Además, a Justin le encanta la emoción de actuar en vivo.

Soñaba con hacer su propia gira un día. Lo más cerca que había estado fue una breve "minigira" en varias ciudades canadienses, unas semanas antes, para conocer a los admiradores. De todos modos, Justin amaba la emoción de la 'vida en el camino', yendo de ciudad en ciudad.

La minigira tuvo lugar por una oferta de la marca de ropa Urban Behavior. Fundada a finales de la década de 1980, Urban Behavior fabrica y vende ropa de moda para niños y niñas... ¡justo el tipo de compañía que desearía que se le asociara con una moda de ropa como la de Justin! Contrataron a Justin para hacer una gira por ciudades canadienses. Haciendo presentaciones en sus tiendas en cada parada.

Empezaron en Vancouver el 1 de noviembre y luego pasaron en los días siguientes a Edmonton, Montreal, London (la ciudad canadiense) y luego a Toronto. En cada tienda, Justin conoció admiradores que podían obtener una camiseta de Urban Behavior firmada por su héroe.

Justin estaba emocionado con todas estas presentaciones pero, para gran desilusión de él y de sus admiradores, se enfermó en los días anteriores a la gira y no pudo cumplir con la presentación en la tienda de Vancouver.

Para ayudar a calmar la desilusión del grupo de admiradores de Vancouver de Justin, el personal de Urban Behavior les hizo descuentos ese día y también proporcionó una tarjeta de "Recupérate pronto" que podían firmar los admiradores. Luego se la enviaron a Justin para ayudar a alegrarlo.

Con seguridad pareció funcionar ya que llegó a todos sus otros compromisos y describió la presentación en Montreal como "sorprendente" en su fuente RSS de Twitter. "Gracias a todos los que vinieron", escribió. "Me quedé sorprendido". Cuando llegó a Toronto, les dio a todos los admiradores que llegaron una experiencia mágica que nunca olvidarían. Después de la presentación en la tienda fue directamente al local de Kool Haus de la ciudad, ¡para presentarse en vivo ante un público de chicas que gritaban!

Vestido con chaqueta vaquera oscura y gorra de beisbol, viendo hacia atrás, se veía increíble. Mientras el público gritaba por la emoción cantó "Bigger", bailando mientras lo hacía. Cuando cantó "One Less Lonely Girl", invitó a una admiradora a sentarse en el escenario con él. Se quitó la gorra de beisbol y la puso en la cabeza de ella. Más adelante en el espectáculo tocó las manos de las chicas de la primera fila del público, causando gritos mucho más ruidosos.

Bajó un poco el ritmo con una interpretación acústica de "Favorite Girl". Todas las chicas querían ser su favorita, cantaron con él en voz alta, amando el momento de unidad creativa que esto les ofrecía con su chico favorito. Los bailarines se unieron de nuevo a él para "One Time", ¡momento en que la multitud estaba en el séptimo cielo!

"Hagan algo de ruido para Justin Bieber!", dijo el maestro de ceremonias al terminar el espectáculo. Difícilmente eran palabras que se necesitaran decir… las chicas ya estaban casi tirando el techo del local con sus gritos. Justin dejó el escenario mientras el público gritaba al mismo tiempo: "¡Te amamos, Justin".

Entonces volvió para una repetición y habló de su sueño que se hacía realidad. "Éste ha sido un viaje en montaña rusa muy padre. Gracias a las formidables multitudes como ustedes, amigos", les contó. Al introducir la última canción de la noche, afirmó: "Voy a necesitar su ayuda en esto". Entonces cantó una versión *a capella* de "With You". Mientras la cantaba, pudo haber considerado lo lejos que había llegado desde la primera vez que interpretó esta canción de Chris Brown en su canal de YouTube… y de qué giro tan sorprendente había dado su vida como resultado de subir videos hechos en casa a Internet.

Otra consecuencia del pie fracturado de Justin fue que terminó con un "duelo de baile" que esperaba tener con Gabe Saporta, vocalista y bajista de la banda de rock Cobra Starship. Al aparecer en el Jingle Ball de Sacramento, Sapora dijo que debido a la lesión de Justin "yo gano por no presentarse". Bueno, Justin tenía algo que decir al respecto... ¡y subió al escenario a decirlo! "Muy bien, así que lo que va a suceder es que como no puedo bailar en realidad para ti, voy a tener que tocar un solo de batería para ti".

Siguiendo la corriente de la aparente hostilidad, Saporta contestó: "¡No puedes hacer eso! ¡Vuelve a Canadá, niño!". Pero no había forma de detener a Justin, se sentó ante la batería y tocó un gran solo. "Gracias por ponerme en evidencia, Justin", afirmó Saporta. "Me acaba de derrotar un niño de la mitad de mi tamaño", añadió, "ahora debería irme directo a casa, ¿cierto?".

Todo había sido diversión sana y Justin escribió al respecto de esa tarde en su página del canal de YouTube al día siguiente. "No es fácil tocar la batería y usar un pie roto en el pedal así que no sé qué tan 'épico' fue este solo, pero valió la pena", comentó. "Gabe es el jefe y todos en Cobra Warship son grandes personas y tuvimos mucha diversión. Gracias a Sacramento por ser una multitud tan maravillosa".

Estuviera actuando en Manchester o tocando la batería en Sacramento, en realidad no había forma de detener a Justin. La lesión le sucedió durante una gira llamada Fearless, y estaba a la altura de ese tema en la forma en que manejaba sus compromisos. Nadie podría llamarlo "divo".

Había probado la fama y le encantaba, pero no iba a dejar que se le subiera a la cabeza. Las divas tienen talento para olvidar de dónde proceden y de perder de vista el hecho de que debajo de su fama son iguales a cualquier otra persona. Justin no ha mostrado nada de este comportamiento. Está tan lleno de entusiasmo y saludable buen carácter que es poco probable que alguna vez caiga en la trampa de la diva.

Ha enfrentado unos cuantos momentos infelices últimamente con esa lesión y el evento cancelado en el centro comercial de Long Island. Pero Justin estaba a punto de tener un momento de pura alegría y orgullo... ¡iba a cantar para Barack Obama, el presidente de Estados Unidos de América!

Fue un día de mucho orgullo para Pattie, mientras ella y su famoso hijo volaban a Washington, D. C. para prepararse para la gran actuación. Apenas podían creer a qué iban a viajar a la capital estadunidense.

El día antes del espectáculo Justin participó en los ensayos del Museo Nacional de la Construcción, en Washington. Aunque este edificio no tiene tanto prestigio como la Casa Blanca, sin embargo es un monumento impresionante. Mientras practicaba su canción, Justin sorprendió a algunos de los que observaban cuando se sacó el teléfono de la bolsa y empezó a tocar las teclas. ¿Justin estaba enviando un mensaje de texto mientras ensayaba una presentación para el presidente de Estados Unidos? No, no lo hacía. Como explicó después, estaba revisando la letra de la canción que iba a interpretar, "Someday at Christmas", de Stevie Wonder. Después de todo, ¡deseaba aprender de memoria la letra para el gran día!

Entre bastidores, Scott Braun le dijo a Justin que además de su interpretación solista de "Someday at Christmas", también se le pediría que se uniera al elenco completo en el escenario para una presentación final como grupo de "Los Heraldos Celestiales Cantan". Esto era nuevo para Justin.

"Tú la conoces, ¿verdad?", verificó Braun. Justin sacudió la cabeza. ¿Qué hacer? Su manejador tenía una sugerencia. "Sólo pon el micrófono muy cerca de tu boca", sugirió Braun. "Nadie podrá ver". Pero Justin tenía otra idea. "Sé 'Deck the Halls'", dijo, luego cantó maravillosamente, "Decora las paredes con ramas de acebo, fa la la la…". Material confiable y atrevido, como hemos llegado a esperar de Justin. Pero era lo bastante honesto para admitir que también se sentía un poco ansioso. Y si se considera su público, ¿quién no lo estaría?

La noche del espectáculo, Justin esperaba nervioso mientras los otros artistas cantaban. Neil Diamond fue el primero en actuar. La legendaria estrella cantó: "Joy to the World" y "Winter Wonderland". Luego Mary J. Blige interpretó "The Christmas Song (Chestnuts Roasting on an Open Fire)", después de lo cual Usher cantó: "Have Yourself a Merry Little Christmas".

Justin sintió nervios mientras lo anunciaba el presentador. "No hay Navidad sin regalos… ¡en verdad alguien se lo debió decir a mi abuela!", bromeó el presentador. Y tenemos uno para usted hoy, señor presidente y señora Obama. En los días gloriosos de Motown un artista captó la atención del mundo con esta canción que convirtió en un clásico. "Someday at Christmas" no sólo ayudó a lanzar la carrera de uno de sus favoritos, Stevie Wonder, sino que ha hecho lo mismo mediante YouTube para nuestro siguiente artista esta noche. Como usted, señor presidente, este joven tiene muchos admiradores, tratando de estrecharle la mano sin permiso. Damas y caballeros, la sensación actual de la música *pop*… ¡Justin Bieber!". Entonces apareció Justin en el escenario para cantar.

Sus nervios estaban bajo control mientras escribía después en su canal de YouTube. "Fue un increíble honor y en verdad estaba nervioso; lo puedo decir por mis manos, no sabía qué hacer con ellas… Pero a lo que quiero llegar es que todo esto ha sucedido gracias a los videos de YouTube y a admiradores como ustedes. Han cambiado mi vida para siempre y siguen cambiándola con su apoyo todos los días. Estoy enormemente agradecido y espero que disfruten este 'video' y sepan que les deseo a todos una feliz navidad y una gran temporada de vacaciones. Gracias de nuevo y mis mejores deseos para ti y tu familia".

A pesar de sus nervios, Justin cantó con brillantez, con el coro acompañándolo. Con la camisa y la corbata cubiertas con un jersey elegante, ciertamente se veía diferente a su imagen "callejera" habitual, pero eso sólo era apropiado para una ocasión así. El público aplaudió con entusiasmo al final de la canción de Justin. Lo saludó con la mano y le dijo: "Muchas gracias".

Cuando se aproximaba el final del concierto, el presidente Obama se dirigió a todos los que estaban presentes. Durante esta charla pronunció mal el apellido de Justin. "Gracias a todos los increíbles artistas… Rob Thomas, Usher y Justin Bye-ber… ¡BIEber!". El público se rió bastante, pero Obama se recuperó rápido de su error diciendo en broma: "Lo acaban de descubrir".

El presidente continuó para presentar la canción final. "Esta temporada celebramos ese momento sagrado, el nacimiento de un niño, el mensaje de amor predicado al mundo", dijo, con la primera dama, Michelle Obama a su lado. "Más de 2 000 años después, ese espíritu todavía nos inspira". Entonces se quedaron en el escenario para unirse con el coro en una interpretación de "Los Heraldos Celestiales Cantan".

Qué honor y alegría para Justin haber sido parte de esta extraordinaria noche. Fue la culminación de setenta y dos horas sorprendentes para él en las que tuvo cinco presentaciones distintas en diferentes partes de Estados Unidos. Pero actuar para el Presidente y la Primera Dama fue tan especial… los honores profesionales no son mucho mayores a eso.

Justin tuvo otro momento de orgullo en febrero de 2010 cuando le pidieron que participara en un sencillo para la caridad. Más de ochenta estrellas de alto nivel de la música *pop* ayudaron a grabar la canción para las víctimas del terremoto de Haití. La canción elegida fue "Somos el mundo", que se grabó por primera vez veinticinco años antes para ayudar en una hambruna. En la versión original, el legendario Lionel Richie cantó la primera línea. Esta vez Justin cantó la misma línea. "La experiencia fue fuera de lo común", comentó después.

Mientras tanto, Justin había empezado también su carrera de actuación. Apareció en el programa *True Jackson, VP*, un drama de comedia ligera sobre la industria de la moda. Aparece en el canal Nickelodeon y lo protagoniza Keke Palmer.

El día en que empezó a filmar su presentación, Justin dijo en Twitter: "En el escenario del programa 'True Jackson', en Los Ángeles. Keke es muy buena onda". En cuanto a Keke, escribió en su bitácora de MySpace: "Pasé un gran momento en el escenario con Justin Bieber. También es muy talentoso y en verdad dulce. ¡Sé que llegará muy lejos en su carrera! Será la estrella invitada en un episodio próximo, los mantendré al tanto, pero estoy segura que Nickelodeon mostrará comerciales de promoción mucho antes de informarles cuándo saldrá al aire este episodio, ¡será un especial que no se querrán perder!".

Justin también tuvo una actuación especial en un episodio del drama de MTV, *Silent Library*, y en la película *School Gyrls*.

En enero de 2010 presentó otro sencillo, "Baby". Justin participó al escribirlo y la canción tiene un coro en verdad pegajoso. "La grabación incluye un *rap* de la estrella de *hip-hop* Ludacris. 'Ludacris y yo vivimos en Atlanta'," explicó Justin cuando le preguntaron cómo tuvo lugar la colaboración. "Lo conocí un año antes de esto y pensamos que era su participación sería perfecta, así que lo invitamos para hacerla".

Ludacris necesitó poco estímulo. "En cuanto lo escuché supe que era un éxito, sólo tenía que encontrar cómo podía participar en un disco con un chico de quince años", comentó. "Por lo tanto, me quedé ahí y dije: 'Deja que rememore sobre el pasado', y así es básicamente como me metí al disco. Y te lo garantizo, recuerda lo que digo, va a ser una de las canciones más grandes del año".

Los críticos estaban impresionados. Bill Lamb, de About.com la llamó, "el mejor vehículo hasta el momento para la voz dulce y conmovedora de Justin Bieber y sus logros en la lista de éxitos deben reflejar en último término ese hecho". Melanie Bertoldi, de *Billboard*, también predijo que la canción sería un gran éxito en las listas de éxitos. "El ritmo medio del coro innegablemente contagioso debería tener satisfecha a la base de admiradores adolescentes jóvenes y la breve actuación especial de Ludacris añade un bienvenido giro urbano. Tener competencia añade una capa de madurez al repertorio de Bieber y debe fortalecer su creciente presencia en las listas de éxitos".

En verdad fue un éxito, llegando a las cinco mejores en Estados Unidos, Canadá y el Reino Unido. También fue un éxito de las diez mejores en otros países, entre ellos Francia, Nueva Zelanda e Irlanda. Justin estaba feliz de tener el *rap* de Ludacris en la pista, pero dijo que no tenía planes de intentar ese tipo de canto. "No, de ninguna manera. Nada".

El video para el sencillo se grabó en Los Ángeles y Justin explicó la trama básica de la película. "Comienza, en verdad me gusta esta chica, pero no nos llevamos bien; no podemos estar juntos", informó. "Básicamente quiero que vuelva y como que paso por todo. La persigo a todos lados, trato de tenerla, y como que se hace la difícil, pero soy persistente. Sigo intentando". Comparó el video con el que hizo Michael Jackson para el sencillo "The Way You Make Feel".

Igual que su parte en el video lo mostraba persistiendo y usando su encanto para llegar a una meta, así Justin persistía en el mundo real. Esto explica en parte el enorme éxito del que ha gozado. Pero como hemos visto, el éxito llega con malos momentos así como con grandes momentos.

Justin parece causar histeria a cualquier parte que vaya y en marzo de 2010 se produjo un terrible recordatorio de las escenas de Long Island cuando voló a Filadelfia. Lo habían entrevistado en una estación de radio local y mientras estaba en el estudio cientos de admiradores emocionados rodearon la salida con la esperanza de verlo un instante.

A pesar de todos los esfuerzos por mantener la situación bajo control, cuando apareció Justin se produjo un gran caos, pues sus admiradores querían acercarse para verlo. Informes sugieren que algunos agarraron a Justin y le jalaron el cabello. Otras personas presentes dijeron que Justin manejó la situación aterradora con gracia y madurez.

Consciente de este creciente peligro durante sus presentaciones públicas, Justin a veces decidía hacer sacrificios personales con el fin de mantener un poco de seguridad. Tuvo una fiesta en el boliche Lucky Strike de Nueva York en marzo, pero se marchó después de que le avisaran que la multitud de admiradores que se acercaban al lugar podían causar pánico y lesiones. "Quería quedarse y jugar boliche, pero sus guardias de seguridad no querían correr riesgos", comentó un vocero al *New York Post*. Justin y su séquito se marcharon en silencio al famoso hotel Eldridge de la ciudad, donde ordenaron hamburguesas y papas fritas para todos.

Siempre como un caballero comprensivo, cuando Justin vio que muchos de su grupo tenían sobrantes en sus platos, decidió que debían dejar la comida en un refugio para gente sin hogar. Gracias a algunas decisiones sensatas, Justin y su grupo habían prevenido un posible desastre... y luego habían pasado a convertir la situación en una forma de ayuda a gente menos afortunada que ellos.

Sin embargo, con su fama y las exigencias que ésta le imponía, no pasó mucho antes de que Justin de nuevo entrara en una situación de prueba. Este asunto de la seguridad llegó cuando Justin tenía que dar un breve concierto en la mañana, en Sídney, Australia.

El evento estaba programado en el famoso puerto de la ciudad, comenzando a las 7:40 a. m., pero los admiradores empezaron a llegar al área la noche previa. Entonces circuló un rumor de que Justin había llegado temprano, lo que causó una oleada extra en la cifra de personas alrededor de las 2 a. m. La multitud continuó creciendo y creciendo.

Durante las siguientes horas se dieron informes de que algunos admiradores fueron aplastados o pisoteados cuando esperaban que

Justin apareciera. Algunos informes también decían que se habían roto algunas las barreras y que al menos diez admiradores se habían desmayado en el tumulto resultante. Llevaron a un admirador al hospital con rótula fracturada. "Hay un gran número de niños ahí sin ninguno de sus padres. Y yo cuestionaría eso", comentó un policía que observaba la escena.

Con el temor de que ocurriera una verdadera desgracia, la policía decidió que se debía cancelar el concierto. "La policía ha suspendido un concierto planeado para esta mañana después de que varios niños requirieron tratamiento para lesiones recibidas en el tumulto de la multitud", decía su comunicado. "La policía en el evento estaba preocupada por las cuatro mil personas emocionadas que ya estaban presentes, mientras se anticipaba que llegaran más antes del inicio de la presentación. La policía ha pedido a la gente que evite el área para prevenir que aumente la aglomeración y la posibilidad de sufrir lesiones por esa causa".

Cuando Justin se levantó esa mañana estaba sorprendido y desilusionado cuando le avisaron de la cancelación, aunque siempre apoya cualquier paso que se tome para mantener a salvo a sus admiradores. Cuando se anunció la cancelación del concierto, sus admiradores enojados marcharon por la ciudad y la policía fue a tratar de controlarlos.

JB

Como le había pasado en el evento de Long Island, Justin estaba muy molesto. Sabía que habría muchos corazones rotos por lo que sucedió y se comunicó con sus admiradores mediante su cuenta de Twitter. Escribió: "Estoy igual de decepcionado que todos. Me levanté esta mañana con la policía cancelando el espectáculo por razones de seguridad. Amo a mis admiradores… Amo estar aquí en Australia… y quiero cantar".

Después, estaba viajando a Nueva Zelanda para una presentación en televisión y para asistir a una escuela que había ganado su visita en un concurso. "NUEVA ZELANDA, ¡¡aquí venimos!!", anunció Justin en Twitter. Cuando las chicas de la nación empezaron a emocionarse sobre lo que sucedería, el equipo de Justin sólo podía esperar que esta visita pasara sin trastorno alguno.

Justin recordó a todos que la seguridad de sus admiradores era la mayor prioridad. "Estoy muy feliz por la bienvenida y el amor en todo el mundo, pero quiero que todos todavía recuerden que primero está la seguridad de mis admiradores…". Mientras tanto, el personal del aeropuerto de Auckland anunció que se habían puesto medidas de seguridad especiales para la llegada de Justin.

Si a Justin le costaba creer el torbellino de emociones que provocada en todas partes a las que iba, lo mismo le sucedía a su madre. Ella estaba sorprendida por lo agresivos y excitables que podían ser los admiradores de Justin. A veces no eran sólo los admiradores los que se comportaban de esta manera, ¡también sus madres! "Las madres son las peores", comentó Pattie. Durante el tumulto en el aeropuerto de Auckland habían arrollado a Pattie.

Para Justin, que quiere mucho a su madre, esto fue muy molesto. Durante la locura sin control, a Justin también le robó su sombrero un "admirador". Al aumentar los empujones y los pisotones, varios admiradores empezaron a hiperventilar. "¡Dios mío! Era tan sorprendente y hermoso. No puedo creer que lo vi", una persona contó a los reporteros. Muchos de los admiradores tenían pintados lemas como "Amo a Bieber" en la cara. Mientras tanto, la admiradora que se apoderó del sombrero de Justin afirmaba que dormiría con él.

Envió un mensaje de Twitter para expresar su desilusión por lo que había sucedido. "Por fin llegamos a Nueva Zelanda anoche. El aeropuerto era una locura. No estoy feliz de que alguien me robara el sombrero y derribara a mi mamá. Vamos amigos". Es un camino difícil para que lo siguiera Justin.

Ama a sus admiradores y está enormemente orgulloso de lo fieles que le son; nunca querría sentir que estaba en contra de sus admiradores… pero hubo un punto después del cual perdería la paciencia, en especial si involucraba a su madre. "Quiero poder dar autógrafos, tomar fotos y conocer a mis admiradores, pero si todos presionan a la seguridad, no me dejarán", escribió. "Vamos a mantenerlo seguro y a divertirnos".

En cuanto a Pattie, estaba consternada, pero envió un Twitter a sus seguidores para asegurarles que estaba bien después de lo que sucedió. "¡¡Gracias a todos por su apoyo!! Estoy bien, ¡¡gracias!!", escribió.

Más tarde se reunió con su sombrero, como reveló en Twitter. "Recuperé mi sombrero. Sin abrazos, sin gracias, Sólo contento de que hicieran lo correcto. ¡¡No apruebo el robo!!".

Una vez que pasó el caos del aeropuerto, Justin cumplió con los compromisos que había arreglado para el viaje a Nueva Zelanda. Le preguntaron en el programa *Select Live* de C4 cómo sería su novia ideal. "Estoy buscando una chica que sea divertida, que pueda hacerme reír, alguien que sea centrada, con una sonrisa agradable y alguien que pueda cocinar, ya que yo no puedo", comentó.

Cuando fue a la escuela, la preparatoria Strathallan, en Aukland, se sentó para unirse a una clase de música. "¿Qué vamos a tocar? ¿Algo de Ozzy Osbourne o Led Zeppelin?", preguntó. Le dijeron que la canción que aprenderían en realidad se llamaba "Rain", una canción del acto de rock Kiwi, Dragon. "¡Ah!, nunca la he escuchado", afirmó Justin.

Sin embargo, era claro que los admiradores que se reunieron con él habían oído de él y de su música. Estaban paralizados por Justin. "Me quedé sin habla cuando lo vi por primera vez", comentó una chica de quince años de edad. "No podía creer que fuera tan hermoso, sólo me le quedé viendo".

Mientras estaba en Nueva Zelanda, Justin también participó en un salto en bungee… ¡hablando de vivir en forma peligrosa! "Tuve que hacer un salto en bungee esta mañana. La primera vez que salté estaba un poco asustado, de manera que la segunda vez salté de espaldas", informó. Vistiendo un equipo totalmente en negro y sujeto con seguridad a un arnés amarillo brillante, Justin parecía más un abejorro que un saltador, pero parecía disfrutar la adrenalina del momento.

Otro evento se tuvo que cancelar cuando Justin viajó a Europa. Se tuvo que recortar una aparición en París cuando llegaron demasiados admiradores a verlo. "Me disculpo con todos los chicos que no pude conocer", escribió en Twitter más tarde. "Los amo a todos por su apoyo". Después del caos en Nueva Zelanda y en otras áreas, le preguntaron a Justin si la obsesión que sus admiradores tenían por él se había salido de control. Justin le respondió a un entrevistador de la televisión CNN que no estaba de acuerdo en que sus admiradores estuvieran "demasiado obsesionados". Y luego añadió: "No, ya sabes, creo que mis admiradores realmente me han dado su apoyo y estoy contento de tener admiradores en verdad fieles. Ya sabes, creo que hacen lo que tienen que hacer".

De todos modos, ha admitido que se ha sentido abrumado y un poco asustado en ocasiones. "Cuando estaba en Seattle, esta chica salió de la nada y trató de abrazarme, pero en lugar de eso me tacleó", contó a la revista *Seventeen*. "En verdad me asustó".

También ha declarado que sigue estando agradecido por las oportunidades que su fama le ha creado. "Ha sido muy sorprendente y estoy en verdad agradecido de que haya podido hacer lo que amo", afirmó. "Estoy realmente contento de que pueda viajar por el mundo y como dije, sólo hacer lo que me gusta hacer". Podía permitirse estar feliz y orgulloso, ya que tenía otra cita con el presidente de Estados Unidos de América a la vuelta de la esquina.

8
Dieciséis años

Los primeros meses de 2010 han visto a Justin convertirse en una de las celebridades más comentadas en el planeta. No era sólo su grupo de admiradores quien sabía todo sobre él. Personas en todas partes estaban empezando a darse cuenta del chico de Canadá que había lanzado una carrera musical fenomenal desde YouTube. Ya tenía una cadena de grabaciones exitosas, aparecía en los más importantes programas de televisión y causaba escenas de tumulto de admiradores, que les recordaban a muchos observadores de mayor edad la "Beatlemanía" que saludaba a la banda de rock los Beatles a dondequiera que viajaran en la década de 1960.

Todo esto era bastante notable, pero el hecho de que sólo llegara a los dieciséis años de edad en marzo lo hacía más sorprendente. Si Justin ya gozaba de tal éxito antes de su cumpleaños dieciséis, ¿qué le podía esperar en el futuro? ¿Sería una estrella de música *pop* que fuera "una flor de un solo día" que olvidaran tan rápido sus admiradores como lo habían adoptado?

Mientras celebraba su cumpleaños, todas las señales eran de que se haría realidad el primer escenario y que Justin continuaría creando una carrera enormemente exitosa y duradera. Su fiesta fue una noche divertida, con su mentor Usher entre los invitados. Había básquetbol, pistolas de bolas de pintura, lucha de sumo y juegos de *laser tag* entre otras diversiones. Usher le compró a Justin un gran presente. "Me compró un Range Rover", reveló Justin en *Land On Studio Five*. "Puedo manejar".

En otra entrevista reveló que antes de que se hiciera famoso, una de sus mayores esperanzas de trabajo era convertirse en alguien que arreglara autos. "Siempre quise ser mecánico de autos", le dijo a Jay Leno. En lugar de eso, se convirtió en estrella de música *pop*.

El mismo mes que cumplió dieciséis años, Justin presentó la segunda parte de su álbum de debut. *My World 2.0* llegó a las tiendas a la mitad del mes. Comenzó con la alegre "Baby", también incluyó el ritmo rápido de "Somebody to Love" y "U Smile", que hace meritorio un beso, es una obra maravillosa. "Quiero agradecerles amigos por todo", comentó en su video de YouTube que conmemoraba la salida al mercado del disco. "Asegúrense de conseguir el álbum", comentó, "y muchas gracias".

Un programa de MTV llamado *The Diary of Justin Bieber* ayudó a elevar su visibilidad aún más en marzo. Presentó un interesante vistazo tras bambalinas del mundo glamoroso, pero a veces alocado. "Ten cuidado", dijo en el programa, "porque puede volverse loco allá afuera".

Las cámaras lo siguieron a la capital francesa de París, donde se mostraba a su guía Kenny persuadiendo a Justin de levantarse de la cama de manera que pudieran ponerse a trabajar. Entonces, los espectadores ven a Justin preparando su famoso estilo de peinado en el baño del hotel. Después su tutora de giras, Jenny, le da una clase a Justin. Con la mezcla de bromas, trabajo y recorridos turísticos del viaje de Justin, el espectáculo se convierte en una vista entretenida de su mundo, mientras promueve *My World 2.0*. Incluso se le muestra intercambiando palabras tensas con Pattie mientras los llevan en auto a una función. "Ella tiene que comprender que tengo quince años" explica en una toma directa. Fue un espectáculo entretenido y dulce para los espectadores, Para Justin fue una gran forma de promover sus novedades discográficas.

Los siguientes dos sencillos en salir a la venta de *My World 2.0* fueron "U Smile" y "Somebody to Love". Bieber ayudó a escribir "U Smile", una melodía de ritmo medio que de nuevo alienta al que la escucha a sentir que está unido a Justin y que forma parte, en gran medida, de su mundo.

"La escribí para todos mis admiradores que me trajeron aquí", comentó Justin respecto a la canción. El sitio de Internet About.com estaba impresionado, afirmando que "U Smile" "es una garantía de producir emociones cálidas y confusas en millones de jóvenes admiradores". Mientras tanto, *Billboard* creía que la canción tendría mayor atractivo, alegando que "debería atraer a algunos oyentes de más edad". Llegó al Número 17 de la lista de éxitos canadiense.

"Somebody to Love" salió a la venta en junio. Usher había grabado originalmente la canción en forma de cinta de demostración, antes de que pasara para una correcta grabación y presentación por parte de Justin. Usher cantó los coros de respaldo en la grabación de Justin. La página de internet de BBC Music estaba impresionada, describió la canción como "una súplica clara para que llegue un alma gemela; dice algo que todos hemos sentido". El video de acompañamiento mostraba a Justin bailando junto a bailarines de alta calidad. Al final de la filmación, en la que Justin baila junto a Usher, le dice a su mentor: "Él trató de avergonzarme, pero al final yo lo avergoncé!".

El domingo de Pascua actuó de nuevo para el presidente en el Rodado de Huevos de Pascua en la Casa Blanca. Este evento anual se realiza en el jardín de la Casa Blanca para niños y sus padres. Vestido con una camiseta roja y apretados pantalones de mezclilla negros, Justin subió al escenario con más confianza de la que se le viera en el anterior compromiso presidencial. Para el evento de 2010 el presidente Obama había escogido el tema de "Ready, Set, Go!", para el Rodado de Huevos de Pascua, para fomentar "salud y bienestar".

La esposa del presidente presentó a Justin diciendo: "Pueden ir al escenario donde está la música y divertirse un poco con Justin Bieber. ¿Conocen a Justin Bieber, amigos? ¿Han escuchado de Justin Bieber? Bueno, él está aquí". Justin mostró que estaba muy bien de salud ese día. Llenó la presentación en el Jardín Sur de la Casa Blanca con emocionantes canciones, incluyendo su éxito "One Time". "Qué encantador público", dijo durante su serie. "¡Están entusiasmados!", estuvo de acuerdo un miembro de su banda. "¿Cuántos de ustedes, amigos, piensan que hay un hermoso día aquí? ¡Es un hermoso día! Veo a todos sonriendo allá. Es un buen momento para tocar mi nueva canción 'U Smile'".

Aún habría más diversión. Interpretó la icónica canción de rap "Walk This Way", que fue un éxito para el grupo de *hip-hop* Run-DMC en la década de 1980. También tocó un vigoroso solo de batería. Luego saltó a la parte principal del escenario y preguntó al público: "¿Están listos?". El público aclamó mientras Justin cantaba su exitoso sencillo "Baby".

"Muchas gracias a todos", dijo mientras la canción llegaba a un final espectacular. Qué día había sido para el público. Entre los otros artistas que se presentaron estaba el elenco de la exitosa serie de televisión *Glee*. De hecho, fue Amber Riley quien había iniciado sola las festividades con una interpretación de "The Star-Spangled Banner".

Justin lo tomó con calma cuando reflexionó ese día. "Básicamente, fuimos a Washington e hicimos lo nuestro para el presidente", dijo de manera informal a *MTV News*. "Fue maravilloso", añadió. "Obama fue en verdad buena onda, en verdad agradable y yo estaba feliz de encontrarme ahí. Los conocimos, nos tomamos fotos con ellos, tomamos fotos de la Primera Dama".

En Twitter volvió a escribir más tarde respecto a su encuentro más reciente con el presidente. "La primera vez que estuve con él fue hace un par de meses", afirmó Bieber. "Y cuando me presentó, dijo 'Justin Bye-ver'. Tengo que pasar un tiempo con él en la Oficina Oval, lo cual es muy loco, ya que en realidad nadie entra ahí", afirmó. "Pero fue en verdad increíble. Tengo fotos con él". Continuó: "Tengo que ir a la Casa Blanca y tener un recorrido y una foto con la primera familia. En realidad son agradables y muy alegres. Pero después de tres actuaciones bajo un sol cálido de 32 grados estoy completamente deshidratado y casi me desmayo en la última… necesitaba beber un poco de agua", continuó. "Gracias a todos los que vinieron hoy… fue una experiencia increíble y estoy agradecido por el honor. Gracias a todos los admiradores".

Abril fue un mes maravilloso para Justin. ¡Le estaban sucediendo tantas cosas emocionantes que apenas él podía manejarlo! El mes también lo vio hacer historia en la lista de éxitos cuando se convirtió en el artista solista más joven en tener un número uno en las 200 mejores de *Billboard* desde Stevie Wonder. *My World 2.0* de Justin llegó a la máxima posición mientras que su álbum de debut *My World* se mantuvo entre las cinco mejores, convirtiéndolo en el hombre más joven de todos los tiempos en lograr esto. "Desperté para recibir una noticia increíble... ¿cómo celebramos?", escribió Justin en Twitter. "¡¡¡LO HICIMOS!!! ¡¡LES DEBO TODO!! GRACIAS", añadió.

Otro momento emocionante para Justin tuvo lugar cuando apareció en el legendario programa de espectáculos de la televisión estadunidense, *Saturday Night Live*. Cantó Baby y U Smile, además de actuar una rutina corta de comedia junto a la presentadora Tina Fey. "Nunca olvidaré esta noche. ¡¡Fue INCREÍBLE!!", escribió después en Twitter, "Gracias por la oportunidad y gracias a todos en *Saturday Night Live* y a Tina Fey por sólo ser alegría". El sitio de Internet Showbiz Spy afirmó que "personas de adentro" del programa tenían la idea de que Justin estaba enamorado de Fey. "Justin tiene un caso serio de amor adolescente. La siguió entre bastidores por todos lados como un perro labrador", decían las fuentes.

Con este creciente éxito que lo convertía no sólo en estrella, sino en superestrella, Justin tenía que enfrentar el inconveniente de la enorme fama... aumento de la atención y el escrutinio de los medios de comunicación. Por ejemplo, una broma que Justin hizo respecto a un miembro de su equipo iba a volver y a acosarlos a los dos. "Tengo un instructor arrogante que me ayuda y me enseña diferentes cosas 'arrogantosas' que tengo que hacer", había dicho. Justin se refería a un hombre llamado Ryan Good, cuyo título de puesto oficial es "manejador de giras". Good, antes asistente de Usher, describió a Justin como: "Un amigo talentoso, con una personalidad del tamaño del mundo". Explicó cómo es que empezó a trabajar con Justin, diciendo: "Usher pensó que sería buena influencia para él… más bien padre, ya sabes, algo positivo". Good añadió que tener a gente para guiar a una estrella de música *pop* no era algo desconocido. "Muchos artistas pasan por el 'campamento de entrenamiento de refinamiento'," explicó. "Justin es una esponja, un chico brillante. Pero de todos modos sólo tiene quince años de edad".

Cuando los medios de comunicación empezaron a describir a Good como "entrenador arrogante" tanto él como Justin se sintieron avergonzados por la descripción. Más adelante en el año habría más titulares incómodos para Justin cuando se esparcieron rumores de que se había comportado mal en el Gran Fin de Semana de Radio 1, en el Reino Unido, y que lanzó maldiciones al personal en un programa de televisión en Australia.

Justin estaba molesto por estas historias, que sentía eran inexactas. Pudo emplear su fuente RSS de Twitter para hacer llegar su lado de la historia directamente a sus admiradores. "El tiempo en familia con mi madre no pudo venir en mejor momento", escribió en el periodo que siguió después de esas historias. "me educaron para respetar a otros y no chismear… tampoco a contestar los chismes con enojo. Sé que mis amigos, familia y admiradores saben qué persona soy; escuchar a los adultos esparcir mentiras y rumores es parte del trabajo, creo. Así que todos sigan sonriendo... todos estamos bendecidos y todavía estoy agradecido y siento aprecio por la oportunidad que todos ustedes me han dado de hacer lo que amo".

Después de trabajar tan duro y de tener éxito en crear un grupo tan grande de seguidores en Twitter, más de tres millones al momento de escribir esto, Justin merece tener una forma tan poderosa e instantánea para hacer llegar su parte de la historia. En otro ejemplo, se ha corrido el rumor dos veces de que murió y también pudo confirmar que no era cierto gracias a Twitter. A decir verdad, es probable que tenga que enfrentar en ocasiones historias y rumores desagradables en el futuro. Lo hacen todas las celebridades, pero al menos tiene la seguridad de que puede responder con facilidad.

Su popularidad en Twitter implicó que por muchos meses su nombre estuviera en la cima de la sección de "Temas de moda", lo que significa que Justin Bieber fue una de las frases más escritas en el sitio de Internet. En mayo de 2010, los dueños del sitio de Internet cambiaron la programación de manera que se diera prioridad a palabras y frases que disfrutaran de popularidad instantánea, a costa de términos, como Justin Bieber, que por lo general se escriben en mensajes en grandes volúmenes. Esto significó que su nombre desapareciera de los temas de moda, pero el simple hecho de que Twitter sintiera la necesidad de hacer un cambio así es un tributo al éxito fenomenal en que se ha convertido Justin.

A pesar de todo, los admiradores de Justin no estaban para dejarse superar por Twitter con tanta facilidad. Empezaron a mandar mensajes de Twitter sobre "Bustin Jieber", el nombre de Justin cambiando la primera letra de cada palabra, y eso de inmediato hizo que entrara a las preferencias. No se puede mantener quieta a la base de admiradores de Justin Bieber por mucho tiempo y Justin se sintió a la vez emocionado y divertido por su detalle.

En mayo también se confirmó su prestigio en la televisión, cuando lo invitaron a aparecer en el legendario programa de *Oprah*. "El programa de hoy es para cualquiera que haya cantado ante el espejo, pretendiendo que su cepillo de dientes era un micrófono e imaginando cantar en el escenario para millones de personas", expresó Oprah Winfrey en su introducción. Justin tocó las manos de las chicas del público mientras caminaba para reunirse con Oprah en el escenario. Cuando llegó con la famosa presentadora, se abrazaron cariñosamente. Las chicas del público continuaron gritando y llorando, para incredulidad de Oprah. "Muy bien", dijo a las chicas. "¿Podemos hablar?".

Hablaron del ascenso a la fama de Justin y de cómo se sentía respecto a la vida bajo los reflectores. Pattie y Scott Braun también estaban en el escenario y Pattie habló sobre cómo se sentía respecto a su hijo. Justin confirmó que su madre le ayudaba a tener los pies en la tierra y que le confiscaría el teléfono móvil si se comportaba mal. También cantó su éxito "Baby", para gran deleite y gritos de las chicas en el público del estudio.

Para rematar una maravillosa presentación, terminó la canción con un solo alucinante de batería. Sonrió con dulzura e intercambió saludos con Oprah. Las presentaciones en televisión no llegan a ser mucho mayores a ésta y él mantuvo la confianza todo el tiempo. "Se sintió maravillosamente", comentó entre bambalinas una vez que terminó su espacio.

En el verano de 2009, mientras preparaba su primera gira mundial de todos los tiempos, la popularidad de Justin no mostraba señales de decaer. De hecho, el frenesí a su alrededor en realidad estaba aumentando. Cuando lo fotografiaron junto a la glamorosa personalidad de sociedad Kim Kardashian, en la playa en Bahamas, se le recordó a Justin lo intensos que podían ser los sentimientos de sus admiradores por él. "Miren, es mi novia", escribió Justin en Twitter refiriéndose a las fotografías.

Sólo se trataba de una broma, pero algunos admiradores no pudieron ver la gracia de su ocurrencia. Muchos bombardearon a Kardashian con mensajes llenos de odio en Twitter. Se dijo que algunos de esos desagradables mensajes incluían amenazas a la vida de ella. "Estaba recibiendo los mensajes más dementes de todos los Beliebers", le contó a la revista *Us*. Preguntó a Justin si podía detener a los admiradores de insultarla y amenazarla. "tranquilícense chicas", rogó Justin en su página de Twitter. "@kimkardashian es una amiga, una amiga muy sexy, pero sólo una amiga, no hay necesidad de amenazas".

Conforme Justin se adapta al nivel de intensidad que sus admiradores sienten hacia él, también está aprendiendo cómo reaccionar con responsabilidad a situaciones difíciles. Sea que signifique que tiene que cancelar una presentación por la seguridad de sus admiradores, reprender ligeramente a los admiradores que derribaron a su madre en el aeropuerto o que enviaron amenazas de muerte a Kardashian, Justin siempre ha reaccionado en la forma correcta. Después de todo, sabe que la vasta mayoría de sus admiradoras son chicas amables que nunca harían nada para molestarlo a él o a nadie más.

Mientras Justin se dirige al futuro, vive una existencia extraña, pero divertida. Tiene que trabajar duro y hacer muchos sacrificios, pero en pago recibe halagos, fama y una creciente fortuna. En palabras simples, durante los últimos dos años Justin no ha vivido la vida de un niño adolescente normal.

Tampoco es probable que su vida se vuelva algo que se acerque a lo normal en el futuro inmediato. Quienes rodean a Justin mientras trabaja son mucho mayores que él, lo que le ha dado una interesante perspectiva al crecer. "Estoy con adultos todo el día", comentó Bieber sobre su equipo actual, "y es divertido a veces, pero también preferiría juntarme con amigos de mi propia edad. Por otro lado, me hace madurar un poco más rápido. Creo que a veces todavía soy inmaduro, pero trato de no pensar que soy lo máximo". Sin embargo, a pesar de que algunos propagadores de rumores han tratado de describirlo como arrogante o con mala conducta, toda la evidencia real apunta a que Justin es un chico dulce y generoso.

No se puede negar que es fanáticamente popular. Muchas personas en todo el mundo han observado con enorme sorpresa que su popularidad sube y sube. Tienen razón en estar sorprendidas, Justin está tan asombrado como los demás. "En verdad no lo comprendo, ya que nunca he tenido un músico que me sirva de ejemplo para esto", comentó respecto a la devoción de sus admiradores hacia él. "Sólo trato de hacer que sea tan divertido para ellos como sea posible. Para algunos de ellos, ésta podría ser la única ocasión de conocerme". En este sentido, Justin es diferente a otras personas jóvenes famosas.

Por ejemplo, considera a las grandes estrellas deportivas juveniles. En la mayoría de los casos, habrán crecido idolatrando a otras famosas estrellas de los deportes, de manera que cuando a su vez las idolatran por sus destrezas, saben lo que se siente idolatrar a otro jugador hábil en su deporte particular. Sin embargo, Justin ha tenido que ajustarse a ser el centro de estos sentimientos sin tener el mismo punto de referencia de su propio pasado.

La forma en que se ha ajustado tan bien a la fama ha sorprendido agradablemente a quienes lo rodean. "Es como si Justin ya hubiera estado aquí antes", comentó Usher. "Aunque tiene dieciséis años, cuando hablas con él, es como si hablaras con un hombre joven bastante experimentado. Es casi como si ya hubiera planeado en su mente cuál podría ser su historia y que depende de nosotros hacerlo navegar". Esa "navegación" significa, en algunas formas, que Justin ha crecido más rápido que otros niños.

Sin embargo, todavía puede ser un niño muy pícaro. Entre bambalinas en un programa de televisión en el que Justin tenía que actuar, se cree que se divirtió un poco escondiendo el teléfono móvil de su tutora Jenny. "Justin, ¿tomaste mi teléfono?", dijo ella al darse cuenta que había desaparecido. "Porque si no lo tienes, voy a tener que cancelar mi plan en este momento". Justin era la inocencia misma y contestó: "¡No! Lo juro. No lo tomé". Jenny no estaba totalmente convencida. "No sé. Es el Día de los Inocentes", suspiró, "y es un chico de dieciséis años". Más tarde le devolvieron su teléfono… aunque nunca descubrió con seguridad quién fue el culpable.

Una broma de Día de los Inocentes en la que Justin participó tuvo lugar en el sitio de Internet de comedia, Funny Or Die. "Todo lo que no es Bieber muere", dijo en el video de broma. "Soy una estrella. Hago lo que hacen las estrellas. Viajo en yates. Pongo autógrafos en los senos de las mujeres. Y pago a gente para que los golpee. A veces no me siento con ganas de caminar, así que hago que gente enorme me lleve a todos lados. Hablo en voz alta en las bibliotecas y nado justo después de comer. No me importa". Continuó: "Así que recuerda que éste es el mundo de Bieber. Estás viviendo justo en él. Bieber o muere".

Siempre ha tenido un verdadero sentido del humor y Justin está sencillamente demasiado lleno de vida y diversión para estarse quieto por mucho tiempo. Incluso en los raros momentos en que Justin necesita una conversación alentadora, está rodeado por gente que está más que dispuesta y preparada para dársela. Su madre siempre está ahí y a veces su padre también lo acompaña en las giras. Incluso los miembros del equipo que no están relacionados con él por consanguinidad sienten a veces que son su familia. "En ocasiones es como un hermano pequeño o un hijo para mí", comentó Usher.

Con todo este amor que lo rodea, es difícil que Justin se equivoque demasiado. Pero, ¿cuáles son sus posibilidades de que tenga un tipo diferente de amor, de encontrar a una chica con la cual compartir su vida?

Justin ha hablado sobre el tipo de chica con la que le gustaría tener una cita. Le dijo a la revista *People* que estaba buscando una cita con "ojos simpáticos y una sonrisa simpática, una chica que pueda hacerme reír, ya que a todos les gusta reír". Luego añadió que no había tenido una cita en tres años y admitió que tenía ganas de cambiar eso ya que: "¡en verdad amo a las chicas!".

Para Justin no todo es la apariencia. La personalidad es muy importante para él cuando se trata de chicas. "Puedes tener la chica más popular del mundo, pero si al final del día no te puedes sentar y tener una conversación con ella va a ser terrible", comentó a un entrevistador tras bambalinas después de su presentación en *Oprah*.

Justin es honesto respecto a su vida y admite que una vez trató a una chica en una forma que ahora lamenta. "Terminé con una chica durante una llamada telefónica… es terrible, ¿no?", dijo a la revista *Top of the Pops*. "Tuvimos una discusión durante una llamada telefónica así que básicamente le dije: 'Ya no quiero estar más contigo'. Ella lloró. La vi después de eso y fue un poco incómodo, pero ahora no somos enemigos, así que está bien. Pero no lo recomendaría, ¡es demasiado ruin!".

Justin ya ha aprendido lecciones en su joven vida, pero la pregunta todavía se le hace a menudo: ¿cómo puede cantar tanto sobre el amor antes de que siquiera termine su adolescencia? "Creo que en cualquier edad puedes experimentar el amor", insiste. "Tengas ochenta o cinco, siempre vas a… No sé. Hay una diferencia entre amor y estar enamorado ya que puedes amar a alguien, pero no necesariamente estar enamorado. Por lo que creo que he amado a chicas, pero no sé... no he estado *enamorado* antes".

Ahora tendrá que vivir cualquier romance futuro ante el ojo público. De hecho, todos los cambios por los que pase mientras madura sucederán ante el brillo de los flashes. Conforme Justin crece, su voz cambia y se desarrolla, y tendrá que adaptar su música para que se ajuste... ya ha tenido que cambiar el tono en que canta "Baby" ya que ahora no puede alcanzar las notas más altas en el tono original. "Se quiebra", comentó sobre su voz. "Como todo chico adolescente, lo estoy manejando y tengo al mejor adiestrador de voz del mundo".

También sueña con colaboraciones futuras, incluyendo cantar con la cantante de *soul* Beyoncé y la estrella de *hip-hop* Kayne West. Mientras trabaja en su nuevo álbum, que está decidido que se grabará en Nueva York, Justin tiene muchas ideas para nuevas direcciones musicales. Ha estado trabajando, entre otros, con un cantante británico de *soul* llamado Taio Cruz. Ambicioso, dedicado y enérgico, Justin no se quedará quieto. Sin importar qué cambios haga a su sonido e imagen, lo que esperamos es que continúe el encanto único de Justin, que procede de ser el chico de ciudad pequeña con la dulce sonrisa y la voz todavía más dulce que lo hizo grande, gracias a sus videos caseros de YouTube.

Por lo tanto, he aquí un brillante futuro para Justin Bieber. Como dijo el joven mismo cuando evaluaba el enorme éxito que gozaba: "Muy a menudo pienso: '¡Vaya!'. Pero no sé. Es sólo que no lo pienso. Sólo me ocupo de un día a la vez".

Índice

(JB indica Justin Bieber; SB indica Scott Braun)

Crédito y fotografías

Página 1: Jeff Kravitz / Getty Images (arriba); BDG / Rex Features (abajo)
Página 2: Sara Jaye / Rex Features
Página 3: Mark von Holden / WireImage / Getty Images (arriba); Amanda Schwab / Rex Features (abajo)
Página 4: Gilbert Carrasquillo / Rex Features
Página 5: Matt Crossick / EMPICS Entertainment / Press Association Images (arriba y abajo); Marco Secchi / Getty Images (centro derecha)
Página 6: Lester Cohen / WireImage / Getty Images (ambas)
Página 7: Kevin Mazur / WireImage / Getty Images (arriba); Gustavo Caballero /WireImage / Getty Images (centro); Jeff Daly / WENN.com (abajo)
Página 8: Jason LaVeris / FilmMagic / Getty Images
Página 9: Gorassini Giancarlo / ABACA / Press Association Images (arriba); Ray Tamarra / Getty Images (centro); Graham Denholm / Getty Images (abajo)
Página 10: Dave Hogan / Getty Images (arriba); Charles Sykes / Rex Features (abajo)
Página 11: George Hogan / WireImage / Getty Images (arriba); Paul Morigi / WireImage / Getty Images (abajo)
Página 12: Mathew Imaging / WireImage / Getty Images (arriba); Stephen Lovekin / WireImage / Getty Images (abajo)
Página 13: Splash News (arriba y abajo izquierda); Sandra Mu / Getty Images para Turism NZ (abajo derecha)
Página 14: Sipa Press / Rex Features (arriba); Jeff Kravitz FilmMagic / Getty Images (abajo)
Página 15: Pichichi / Splash News (arriba); Pete Mariner /Retna Pictures (abajo)
Página 16: John R. Kennedy / Splash News

Sitios selectos de internet

www.myspace.com/justinbieber
www.youtube.com/user/kidrauhi
www.twitter.com/BieberMommy
www.twitter.com/lordbieber
www.twitter.com/justinbieber
www.facebook.com/justinbieber
www.twitter.com/scooterbraun

Bibliografía

Justin Bieber: The Unauthorised Biography, por Ronny Bloom, Sunbird 2010
100% Justin Bieber: The Unofficial Biography, por Evie Parker, Bantam 2010
The Justin Bieber Annual 2011, por Tori Kosara, Buster Books 2010

Impreso en los talleres de
MUJICA IMPRESOR, S.A. de C.V.
Calle camelia No. 4, Col. El Manto,
Deleg. Iztapalapa, México, D.F.
Tel: 5686-3101.